江蘇歷代方志全書

小志部 一 ①

官署廠局補

江蘇省地方志編纂委員會辦公室 編

鳳凰出版社

ISBN 978-7-5506-3321-6

9 787550 633216 >

圖書在版編目（CIP）數據

江蘇歷代方志全書. 小志部. 官署廠局補 / 江蘇省地方志編纂委員會辦公室編. -- 南京 : 鳳凰出版社, 2020.11
ISBN 978-7-5506-3321-6

Ⅰ. ①江… Ⅱ. ①江… Ⅲ. ①江蘇－地方志 Ⅳ. ①K295.3

中國版本圖書館CIP數據核字(2020)第225858號

書　　名　江蘇歷代方志全書·小志部　官署廠局補
編　　者　江蘇省地方志編纂委員會辦公室
責任編輯　孫　州
裝幀設計　姜　嵩
出版發行　鳳凰出版社(原江蘇古籍出版社)
　　　　　發行部電話025-83223462
出版社地址　南京市中央路165號,郵編:210009
出版社網址　http://www.fhcbs.com
印　　刷　揚州文津閣古籍印務有限公司
　　　　　揚州市開發區鴻揚路22-2號(6幢),郵編:211153
開　　本　889毫米×1194毫米　1/16
印　　張　65.25
版　　次　2020年11月第1版　2020年11月第1次印刷
標準書號　ISBN 978-7-5506-3321-6
定　　價　1600.00圓（全二册）

《江蘇歷代方志全書》編委會

（一）二〇一一年十二月至二〇一六年一月

（二）二〇一六年一月至二〇一六年十月

主　任

曹衛星

副主任

謝潤盛　焦建俊　沈益鋒　漆冠山

委　員

曹衛星　謝潤盛　焦建俊　沈益鋒

漆冠山　蔡金良　牟國義　張乃格

主　編　漆冠山　張乃格

副主編　蔡金良　牟國義

主編助理　桑　薈　凌江平　宫冠麗

編　輯（以姓氏筆畫爲序）

周其兵　宫冠麗　徐瑞君　凌江平

桑　薈　張勝旺　劉　猛

（三）二〇一六年十月至二〇一七年十一月

主　任

張敬華

副主任

謝潤盛　楊志純　沈益鋒　漆冠山

委　員

張敬華　謝潤盛　楊志純　沈益鋒

漆冠山　蔡金良　牟國義　方亞光

張乃格

主　編　漆冠山　張乃格

副主編　蔡金良　牟國義　方亞光

主編助理　桑　薈　凌江平　宫冠麗

編　輯（以姓氏筆畫爲序）

周其兵　宫冠麗　徐瑞君　凌江平

桑　薈　張勝旺　劉　猛

（四）二〇一七年十一月至二〇一八年三月

主　任

王　江

副主任

謝潤盛　楊志純　沈益鋒　漆冠山

委　員

王　江　謝潤盛　楊志純　沈益鋒　漆冠山

蔡金良　牟國義　方亞光　張乃格

主　編　漆冠山　張乃格

副主編　蔡金良　牟國義　方亞光

主編助理　桑　薈　凌江平　宫冠麗　徐瑞君

編　輯（以姓氏筆畫爲序）

王敏君　周文燕　周其兵　宫冠麗　徐瑞君

凌江平　桑　薈　張勝旺　劉　猛

（五）二〇一八年三月至二〇一九年七月

主　任

樊金龍

副主任

謝潤盛　楊志純　沈益鋒　漆冠山

委　員

樊金龍　謝潤盛　楊志純　沈益鋒　漆冠山

蔡金良　牟國義　方亞光　張乃格

主　編　漆冠山　張乃格

副主編　蔡金良　牟國義　方亞光

主編助理　桑　薈　凌江平　宫冠麗　徐瑞君

編　輯（以姓氏筆畫爲序）

王敏君　周文燕　周其兵　宫冠麗　徐瑞君

凌江平　桑　薈　張勝旺　劉　猛

（六）二〇一九年七月起

主　任

樊金龍

副主任

謝潤盛　趙金松　趙　光　左健偉

委　員

樊金龍　謝潤盛　趙金松　趙　光　左健偉

許善軍　牟國義　方亞光　陳　華　張乃格

主　編　左健偉　張乃格

副主編　許善軍　牟國義　方亞光　陳　華

主編助理　凌江平　桑　薈　宮冠麗　徐瑞君

編　輯（以姓氏筆畫爲序）

王敏君　周文燕　宮冠麗　徐瑞君　凌江平

桑　薈　張勝旺　劉　猛

小志部　官署廠局補目録

第一册目録

第二册目録

第一册目録

嘉靖後湖志（一）

（明）趙官　張愈嚴　萬文彩　編次

（明）李萬實　陸鳳儀　等　增輯

《嘉靖後湖志》十一卷，明趙官、張愈嚴編次，明萬文彩、李萬實、陸鳳儀等增輯。

趙官字惟賢，明合州（今重慶市合川區）人。正德六年（一五一一）進士，授南京户科給事中，兼管後湖黄册庫事務。

張愈嚴字濟寬，明眉山人。正德六年（一五一一）進士，南京户部廣西清吏司主事。嘉靖初升任南康知府，曾在嘉靖四年（一五二五）與江西提學副使周廣續修重刻《白鹿洞書院新志》八卷。

萬文彩字國華，號涔南，明臨安衛（故址約在今雲南省建水縣）人。嘉靖十七年（一五三八）進士，授富順知縣，在任主修《富順縣志》十卷。調成安，以廉能聞名。升任南京户科給事中，兼管後湖黄册庫事務。後歷官四川威茂兵備道、廣西參政等。《雲南通志》有傳。

李萬實字少虛，一作若虛，號訒庵，明江西南豐人。嘉靖三十三年（一五五四）進士，授行人，歷刑科給事中、南京户科給事中、廣東僉事，官至浙江按察司副使。五十歲辭官，家居二十年，閉門著述。擅詩，詩學韋、柳，意取清妍，姿致可觀。著有《崇質堂集》二十卷。

陸鳳儀（一五一六—一五八三）字舜卿，號陽山，明蘭溪（今屬浙江）人。嘉靖三十五年（一五五六）進士，授餘干知縣，擢南京户科給事中，以忤當道罷歸，居鄉二十年，足蹟不入公門。萬曆六年（一五七八），應金華知府王懋德延聘主纂《金華府志》三十卷。後起爲禮科給事中，命甫下而卒。祀江西名宦。

按書前署名，參與此書纂修者尚有校正南京通政使司右通政豐城楊廉、南京太常寺少卿泰和羅欽順，重校南京户部廣西司主事江陵劉大武、番禺王道廣，同校南京户部廣西司郎中莆田方沆等。

考書末趙官《跋》曰：『始官髫齔時，僻居于蜀，聞父老相傳金陵後湖有所謂銅版册者，藏之中洲，非公事罔敢擅越，望之若僊山。然時雖聽焉，而莫能究其實也。正德辛未秋，承乏補南京户科給事中，寔司是事。涖湖之初，因歷覽洪武以來册庫及諸制度禁例之詳，然後仰歎祖宗貽謀之盡善，而非前代之可跂及也。……惜其歷年既遠，諸例散逸磨滅，而莫有爲之志者。使夫有事于湖者茫然無所執持，懵然無所遵守……迺與同年張君濟寬參互考訂，期底于成。』書前楊廉正德八年（一五一三）春《序》亦云：『給事趙君惟賢來涖後湖，謂湖中諸例甚多，不有以集之，將至於散亂而不可收、磨滅而不可考矣。乃偕主事張君濟寬，極力搜羅，加銓次焉。』書末潘棠《跋》則撰於正德九年（一五一四）秋，曰：『惟賢以志不可不脩，諗諸同事者張主事濟寬氏，迺取古今而蒐輯焉。加公取積勤二年有奇，脩迺成。』綜合各種資料，此志始輯於正德八年（一五一三）春，到次年秋，歷時近二年，凡八易其稿，成書八卷，另附詩文二卷。

嘉靖二十八年（一五四九），去趙官創修湖志『將及四紀，舊板脱落者半，不堪展閱。由其所當續與其所未備者，亦復闕如』。時任南京户科給事中、兼管後湖黄册庫事務的萬文彩『懼其久而浸滅，後將何稽？迺商于同寅諸君，相與重加修輯。事蹟仍爲三卷；事例五卷，今增其二爲七；古今文藝别爲一卷，以附其後』（書前萬文彩《識》），增補擴充爲十一卷。

嘉靖四十二年（一五六三），南京户科給事中陸鳳儀有意『重訂而未之能也』，以『天下司、府、州、縣之志皆有地圖，以便一覽，湖志爲各志總貫，而獨是之闕』，遂與『同寅平軒王君考各輿圖志，復質於歷諳中外諸公，乃命工繪天下一統，並兩直隸、十三省各府圖略，附於《進册衙門》之後』（卷二末陸鳳儀《識》）。此後，志書在流傳中有司又在萬曆（一五七三—一六二〇）、天啓（一六二一—一六二七）間不斷進行增補。

書前有南京通政使司右通政楊廉正德八年（一五一三）正月《後湖志序》、南京太常寺少卿羅欽順正德九年（一五一四）七月《後湖志序》，萬曆十一年（一五八三）七月二十三日敕諭、天啓元年（一六二一）三月敕諭各一道，掌南京翰林院事習孔教《明遠堂記》，南京兵科給事中署後湖事梁高節萬曆三十九年（一六一一）識，凡例，萬文彩嘉靖二十八年（一五四九）識，修志職名，目録。正文十一卷。卷一至三事蹟：卷一後湖沿革、後湖形勝、民數考略，卷二黄册數目、黄册户口、黄册事産、黄册庫架、進册衙門（附輿地圖並户里數），卷三黄册職名、大查職名、巡湖職役、後湖界址、後湖公署；卷四至十事例（諸司執掌）：卷四洪武十四年至成化二十三年，卷五弘治元年至四年，卷六弘治五年至十四年，卷七弘治十六年至正德五年，卷八正德六年、七年，卷九正德九年至嘉靖七年，卷十嘉靖十六年至四十一年；卷十一文類、詩類。書末有南京刑科給事中史魯正德九年（一五一四），南京禮科給事中徐文溥、南京户科給事中樂護、南京吏科給事中潘棠正德九年（一五一四）《跋後湖志》四篇，趙官正德九年（一五一四）八月《跋》，南京户部廣西清吏司主事韓國藩萬曆三十九年（一六一一）《後湖志後序》。

《事蹟》《事例》爲全書載録主體。其中《事蹟》以事物性質爲標準，分門別類地記述相關事物。其《黄册數目》《黄册户口》《黄册事産》載明初、弘治十五年（一五〇二）、嘉靖二十一年（一五四二）全國及各布政司（省）黄册、户口與田産、夏税、秋糧數據。《進册衙門》以行政區劃爲標準，分别載録弘治十五年（一五〇二）、嘉靖二十一年（一五四二）全國及各布政司所領府、州、縣呈繳黄册的衙門，統計内容精確到州、縣以下社會最基層的里。内容非常系統，資料十分密集。《事例》爲黄册庫有關工作制度的文獻滙輯，以時間先後爲序，依次收録洪武以後明代各朝有關黄册庫的詔令，歷任黄册庫官員就户口賦役、黄册制度、黄册編造、庫房建造等事宜所上奏章，明神宗、明熹宗給黄册庫的敕諭，以及全國布政司、府、州、縣衙定期送交黄册到庫的規定和國子監監生在庫工作規章等。《詩文》係本書輔助部分，雖然只有一卷，但收録自晋陶潛，到南朝宋顔延之，唐張九齡、李白、杜甫、李商隱，宋蘇軾、王安石、歐陽修，直到晚明文人雅士有關後湖及黄册庫的紀事詩文，資料也頗爲豐富。所收詩文，俱注明作者、籍貫、官職等。其中王安石《奏請廢湖爲田疏》，對玄武湖興衰史及南京區域生態史的研究頗有裨益。

按後湖即玄武湖，位於南京城内，鍾山脚下。古稱桑泊，秦始皇滅楚後改金陵爲秣陵縣，玄武湖隨稱秣陵湖。因漢秣陵都尉蔣子文葬於鍾山之下、秣陵湖畔，孫吴時孫權爲避祖父孫鍾名諱，改鍾山爲蔣山，秣陵湖爲蔣陵湖。相傳劉宋元嘉二十五年（四四八）湖中兩次出現『黑龍』，以『玄』本黑色，玄武最初指烏龜，而玄武湖位於宫城之北，根據陰陽五行理論，北方屬水，北方神即水神，遂稱蔣陵湖爲玄武湖。南朝時玄武湖是皇家水軍訓練基地與檢閲中心，故又叫練湖、習武湖，民間稱之爲飲馬塘。此外還有昆明湖等稱謂。因其位於燕雀湖和宫城之北，故又名後湖，一稱北湖。玄武湖原本湖廣水深，面積約當今三倍。南朝宋元嘉（四二四—四五三）初年，宋文帝對玄武湖進行大規模疏浚，以湖泥積成水中小島，後逐漸形成環、櫻、梁、翠、菱五洲。五洲原爲湖中孤島，互不相連。

但《嘉靖後湖志》並非湖泊志，實爲後湖黄册庫衙署志。而後湖黄册庫相當於全國户籍檔案館，因而亦爲全國最早的檔案志。史載明洪武十四年（一三八一），明太祖詔令全國府、州、縣編制黄册，作爲徵調賦役的依據。黄册制度以户爲單位，每户詳列鄉貫、姓名、年齡、丁口、田宅、資産等，逐一登記造册。册籍十年一造，每册一式四份，分别報送户部及省、府、縣衙。布政司（省）、府（州）、縣衙各存一套，封面用青紙，謂之青册；朝廷户部一套，封面用黄紙，謂之黄册。爲儲存黄册，朝廷在玄武湖建黄册庫。最初黄册庫規模尚小，後因十年一報，每次匯送户部黄册約六萬餘册，册庫每十年增建約三十間。到萬曆三十年（一六〇二），册庫已近七百間，收貯黄册一百五十三萬餘册。截至明末，收貯黄册多達一百七十九萬餘册。至此，玄武湖不僅是中國古代規模最大，同時也是世界上時間最早、規模最大的國家檔案館。後湖黄册庫初由户部侍郎代管，明成祖遷都北京後，由南京户科給事中一員、户部廣西清吏司主事一員專管。黄册庫内外防衛甚嚴，每旬只有逢一（十一、二十一）、逢六（十六、二十六）之日開船過湖，平時與外界完全隔絶。對黄册管理尤爲嚴格，明令敢有偷抄洗改後湖黄册者，不分首從，一律皆斬。可惜清兵下江南時，後湖黄册毁於一旦。

賦税是維持國家政權的物質基礎，人口、土地爲賦税的徵收依據。黄册制實際上是一種人口、資産登記制度，統治者據此可以準確掌握全國户籍實情，合理徵派賦役，加强地方掌控，對維護國家的長治久安具有極爲重要的意義。《嘉靖後湖志》系統記述了明代後湖黄册數目、全國户口、事産、庫架、進册衙門、巡湖職役等信息，是研究明代黄册制度、土地制度、里甲制度以及户口、賦役、財政、檔案等的『活標本』。對此書末樂頀《跋》評價云：『凡爲天下國家之志者，莫大於此。』又云：『此書之志，寔天下之版籍，而生民之息耗見焉。天之立君，君之設官，凡以爲民民之息耗，則氣運之盛衰、政治之得失，從可推矣。一展卷間，而天運、人事了然在目，可警可鑒。天下國家之爲志，孰有大於此哉？』徐文溥《跋》亦曰：『因此志而知黄籍之當重，因黄籍而知後湖之當謹，則版籍與國祚相爲悠久，而國祚與此湖相爲流峙於無疆矣。』俱對此書的歷史地位給予高度肯定。

該書書名《千頃堂書目》著録作『後湖黄册志』。有明刊本，藏臺北『故宫』、德國巴伐利亞邦立圖書館、美國國會圖書館；清抄本，藏南京圖書館。本次出版，以明刊本爲底本影印。

（王乃友　張乃格）

後湖志序

太祖高皇帝建都金陵藏天下黄册于後湖至

太宗文皇帝定都北平諸司庶務類多隨

駕以北獨後湖之藏不動如故

祖宗深謀遠慮灼見于此故

都可遷而蔵冊之所不可改不然

輦轂之下知順天畿輔之近如真

保定之類何為而不之

京師而必之南京乎蓋後湖之專

周遭四十里中突數洲斷岸

尺由是而庫于其上由是而册于其間誠天造而地設者也其為圖籍萬年之計殆無踰于此矣給事趙君性賢來蒞後湖謂湖中諸例甚多不有以集之將至於散亂而不可收廢墜而不

可考矣乃偕主事長君濟寬經力搜羅加詮次焉既成以後湖志名其編復徵廉序之夫

今制黄冊所載人丁事產二者其經也舊管新收開除實在四者其緯也事産著田賦輕重之數要

泒于禹貢九州厥田九等[illegible]
亦九等之法也人丁爲戶以[illegible]
耗之數偏攢于冊[illegible]
獻萬民之數于天子甚重也
冊之田賦鄉有所分[illegible]所刻
殆不止於舉九州而[illegible]之則

密而詳矣黄册必十年一造一

民數無識之□則簡而要矣

[illegible]廉弘治中

[illegible]癸丑日月

[illegible]餘[illegible]

[illegible]

于渡[illegible]之間仰以[illegible]

本朝版籍既極其詳而藏之密矣
其善以爲即此一事亦足以見之
其高出千古矣然則茲志之成
所係豈小哉趙君台州人正德
辛未進士傳臚任言路直諒持
大體志凡八卷詩文附錄二卷

君之初意欲如司馬温公編通
鑑例不收詩賦一主於嚴或謂
是亦是湖中故實欲務於
博君雖不用以入正志然竟收
之蓋取中云
正德八年歲在癸酉春正月中

旬

賜同進士出身中順大夫南京通政

使司右通政前南京户兵二科

給事中翰林院庶吉士豐城熊

榮序

從[illegible]
金陵有[illegible]來[illegible]
有庫宅[illegible]
之圖籍貯於[illegible]
聖祖之神謀遠慮所以治[illegible]世乎
[illegible]者[illegible]其地[illegible]

而益詳前志[illegible]選[illegible]

合洲趙君惟暗以[illegible]

辛卯訂[illegible]宗東[illegible]

作志[illegible]

相與旁訂[illegible]成[illegible]

庫之規制圖籍[illegible]職[illegible]

禁令之條莫不粲然可見趙吉
既徵月湖楊先生之序以冠于
篇端矣及是始命工鋟梓圖永
其傳乃持副本示余屬綴一言
于其後欽順披閱之既竊以爲
斯志之作不徒然也自今以往

有事于湖上者既得有所據以
適夫損益之宜以謹厥藏將來
來無辭縉紳君子有志于斯世
者亦將有所考以知夫民生之
庶其於圖惟數年來不既厥心
乎蓋所書雖一不出于一湖而其

所關繫可謂遠且大矣以遺晉
之明遠匡宜恢恢于是也志凡
八卷而附録詩文二卷讀之又
可以想見湖中景物之勝樂近
同於魚鳥憂遠繫於廟堂庶幾
有若人焉亦可以想見其風采

也於戲將欲奉延
聖祖之德徵斯人吾誰與歸膺書以
爲後序
正德九年歲次甲戌秋七月二
十一日壬午
賜進士及第中順大夫南京太常

寺少卿前國子司業[illegible]
經筵官泰和羅欽順序

勑諭一道

勑南京管理黄冊科道等官十年大造黄冊係國家重務近来各省委官管理督造往往視為故事完觧愆期該科臣建言欲照營務事例給勑以示專責特允所請令命爾

等專管大造黃冊事務查照該部
節年題准事理移文各該撫按官
轉行司道府州縣該管官員照式
開造勒限完解如有變亂埋没飛
洒詭寄那移脱漏等弊即照例查
駁有違限未解者通行住俸嚴限

督催已解在道者量并批回權日方准開俸未完者亦限十二月以裏解部送湖如仍故違聽爾等指實參究若州縣冊已解府而府有延閣府冊已解司而司或愆期則罪坐所由聽撫按官查提問罪若

撫按官市恩寬縱亦聽科道官指
名參奏爾等受茲委任須持法秉
公殫心竭力務使冊籍早完版圖
咸正庶稱任使毋得徒事虛文苟
且塞責爾等其慎之故勅

廣　東

萬曆拾壹年三月貳拾叁日

之　寶

勅諭一道

勅南京戶科　先該戶部

題稱國賦重事係於黃冊往年民間攢造多被里書人等變亂戶籍埋沒軍匠飛灑稅糧詭寄田地漏報人丁脫免差徭那移里甲以致

版圖日消人民日困兼以紙張粉
飾差錯稽遲爲弊多端茲當十年
大造之期今特命爾嚴督所屬躬
責稽查參互磨筭專一管理攢造
黃冊刻期編造務將各項弊端盡
行裁革俾圖籍有據賦冊均平以

稱朕均國足民之意造完之日奏
繳以聞如或因循怠忽憑信姦宄
變亂舊規致起弊端聽爾指名參
奏爾其慎之慎之故勅

廣運

天啟元年叄月　　日

之寶

明遠堂記

明興牧天下關稽所之要武湖設利部官各一人專司其事若干人焉

聖祖神謨所以爲萬世子孫慮至深遠也湖在南京太平門外距京城關可半里是爲湖口濟渡之處舊有公館艤三檻廳之前一檻名曰式民堂庳隘又以繚以垣不見湖而蒞湖事者每出入坐堂上稽則俯仗者役奸僞始用關防付舟人遞呼之印其面手以符驗

然弊在接睫間且垣隔莫可悉辨也武進吳
雲吴君以名司理徵入爲南京户科給事中
蒞湖事慱大而精明卓著風采乃於檢閲廳
前建屋三楹倚城面湖顔其堂曰明遠以
見志焉而諸役從堂下遡湖輙又更開防爲
竹籬[illegible]逢之人給一籌乃渡否則禁
止於是湖之禁別益嚴出入以度而登斯堂
者軒豁神爽簾櫳外山色湖光一望輒睽目
前無復面墻之陋矣丁亥秋吳君偕户部主

事劉君詥
闕優
命歸而是堂適成屬予爲之記予惟吳君列無
南省爲
天子耳目臣其所獻替關
宗社生靈至計將不可勝書區區一驄節之重
建曾何足記顧君所以名堂之意則所繫有
大者焉予不得而天言也夫天下之患莫大
于壅蔽壅蔽不去則雖几席之近猶有遺矚

滄浦志　卷　二

朝四海九州之遼邈乎雖事之間且見者不免以曲蔽之朝幽隱倚伏之幾微乎昔漢地節間宣帝勵精綜核于上而丙魏爲之相然膠東王成猶得以僞增户口蒙賞以是知嚴籍之登耗雖當時綜核亦有所弗能盡而閭閻疾苦愁歎之聲固安得一一

上聞也比者

皇上德同堯舜雖端拱九重而聰明恒見萬里之外欽惟[illegible]有北水旱[illegible]

詔旨所以蠲賑之甚厚矣今又告匱矣汲汲未
期米價騰踴兩都下已嗷嗷待哺而東陝河
洛間人亦待食燕湖諸大郡餓殍盈野亦可
拮据廩粟餫粥以少延赤子旦夕之命不知
籌國者將奚以復請于
上破格蠲賑極捐瘠之衆而銷未形之患也夫
此日前事耳天下固有勢之極重所必反而
法之已窮所當變安危治亂之機關衆人之
所因循苟安僥倖無事而蓋臣志士所惶

以爲迄今不理不至于大壞極敝不止者也
古之君子其心公平天下故内不障于有我
外不障于有人人我無所障故耳無私聽目
無私視而合天下以爲視聽是故歷明之體
通宇宙爲一身而長慮卻顧不遺于千萬世
之遠吳君之爲是堂也豈不以吾爲
天子耳目臣宜罔知乎民隱以直告之乎
上休戚與共然後能稱塞吾職如一廳事之堊
敝特凡爲間耳猶有遺憾謂

九重何故袪其面牆之隔而擴以曠達之觀君
之所以寄意于茲者遐哉邈也已君洞悉民隱
其於目前閭閻愁苦愁嘆之聲固已一一
上聞俾待哺之衆藉以生全而四海九州之遼
邈幽隱倚伏之幾微所以爲
宗社生靈千萬世計者夫豈無慨于中者乎予
故曰君之所以名堂之意蓋所繫有大焉余
不得而無言也是役也創議于吳君之鵬劉
君綺二君入京而代事者則刑科給事中徐

君桓及戸部主事前黄君文炳今梁君鵬其
工費蓋甚省云
萬曆戊子歳季春月望
賜進士奉訓大夫右春坊右諭徳掌南京翰林
院事前右中允兩京國子司業翰林修撰纂
修
國史會典兼理
誥勅經筵官廬陵習孔教撰

歲辛亥余承乏督冊之役
令甲天下版籍凡十載而一獻
天子
天子嘉納焉屬之藏府特維後湖後
湖者何古所稱玄武者也明年爲
皇上御宇之四十年郡國復當以歲

事進先期繕脩滲而胥宇奔奏加
數焉討故實而貞趾之守者以誌
應舉筴則韋脱引貫則簡蓰篇目
徒存節章莫考也余乃峙粻鳩工
庀梓殺青需以期月爰政亥曾披
攬紀載槩乎全書宜叙其志余惟

留京雄縣鍾阜龍蟠石城虎踞長江
列塹淮海扼津盡入偉之若乃玄
武一湖豁如天闢鎮若神訶函王
鏡於坤垠炳灝靈於圜簿陰陽之
氣蓋有特鍾者矣
高皇帝定鼎金陵𦂳自泰時明堂以

迄墠壝景觀靡不相隩緯輿重阯

而維

黄册則寄水一方

文皇帝更浣日月再劘方寓昭前之

光因華大備纘丕緒於

燕都鼎吕俱非建本振枝無大民數

者乃此湖之制特如故皇哉烝哉
豈徒以擄勝宅奇遠亦㦮便周御
而已
二聖於冊不啻重哉重民耳然民等
也
國祔天下方定籓維經始營建繫

興
皇祖賦勝國之籍而輕重之民不稱
病
成祖深猶遠慮
卜㲼營
都再見輿輦創夷耆夏大師婁勤

民不稱擾我

皇上承熙洽之餘既庶且康

御以神明海溢不波燹燧無恐閭

閻晏如而幅員有加馬意如漢由

租半三十取一之詔可下也然而

司農時告匱水衡錢歲不繼牧圉

枵腹期門佽飛日弱百姓皇皇捋
軸其空何哉且上下已交困矣民
猶不務其所生富者或割膏腴爲
遊觀墳墓居家擬於王者不耕之
地倍於耘耔夫一夫有三畝之園
則終身不饑令一家而棄田數百

畝是一歲而捐數世之入也且家
一而歲輸數世之供其何堪又况
戚獲婢妾脤食器用之物且稱是
乎天下嚣嚣重不可逐縣官督責
不前下亦作奸避征繕不暇給貧
民不聊生易與爲非而

内帑之徵必如額如是而歆
國不貧天下無事胡可得也方策
爛焉奚裨朽索司是冊者懼已吾
爲此懼乃所以誌也
萬曆辛亥冬十月
賜進士文林郎署後湖事南京兵科

給事中大梁高節識

後湖志　序　六

後湖志凡例

一此書之編專以
國家版籍爲主
朝廷制度禁例爲重凡專之不關於此者不
敢濫入

一凡爲志者必先分野後湖本禹貢揚州
之域星分斗十牛載之天文地理志者可
考今以此書爲
本朝冊府而作非其他誌書可比故不暇及

此云

一後湖自吳以來已有名號今畧採史傳所載者并下篇端以備參考

一各年黄册户口事產之數不能盡紀今姑載國初及洪武十五年至嘉靖二十一年定數以見登耗之大槩其歲代[illegible]據而從以信後也如洪武初年揭黄冊掌大明會典弘治十五年嘉靖二十一年冊本湖[illegible]勢誌之[illegible]志也

一事例多因舊冊并案卷錄出實由於中願

加刪削銓次潤以文也

一湖中者例尤多歲久浸以磨滅散逸立難徧考今特以舊案所存與今聞見所及者編入志中其所不及以俟君子

一志書類有題名如名宦人物之例所以存姓氏備考然此本湖官職國初自侍郎帶管其多已無可致宣德以後雖專設給事中主事然亦更替不常間大查之職抑又甚焉故今不敢編

一湖志主嚴詩文不當收入或謂此亦
以備湖中故實故略存之以附卷末云
按從前即晉宋以來已有題詠或專
本湖之事如顏非熊北湖懸詩李
白遊北湖感古作之類是已或因
事而帶言之如陶靖節斜川日北湖花
太守空餘履湖月之類是已今以其
并前後當收之以備參考者
不例詩文則不
在其間
一中洲地勢廣闊冊庫之制規模宏嚴
列整密環以湖光樹色望之如畫圖
今以

朝廷禁地故特於後湖圖中隱然見之焉不
敢詳備其制而别爲一圖也

後湖志凡例

後湖[illegible]未有志[illegible]賢西[illegible]合州趙[illegible]事[illegible]始創[illegible]一[illegible]修[illegible]
藝[illegible]不[illegible]且今得以前[illegible]逵[illegible]勤矣向[illegible]所從[illegible]將及四紀[illegible]
板脫落者[illegible]不堪展閱凡其[illegible]所未備者[illegible]文彩[illegible]斯[illegible]其
義而漫漶後將何稽[illegible]于同[illegible]諸君[illegible]
務[illegible]文[illegible]為[illegible]以[illegible]後[illegible]小有增[illegible]大[illegible]視[illegible]矣
夫後世為前代[illegible]之[illegible]哉
國家[illegible]哉[illegible]是哉
且[illegible]之[illegible]可[illegible]
且歷[illegible]指古[illegible]
[illegible]則[illegible]
入[illegible]而歸[illegible]而已矣
[illegible]可[illegible]
則斯志亦[illegible]可[illegible]以紀[illegible]仲[illegible]文彩[illegible]

南京戶科給事中合州趙官編次

南京通政使司右通政豐城楊廉

南京太常寺少卿泰和羅欽順校正

南京戶部廣西司主事眉山張愈敘同校

南京戶科給事中臨安施文彩

南京戶科給事中南豐李康實重修

南京戶部廣西司主事江陵劉大武重校

南京戶科給事中滇南郭斗

南京戶部廣西司主事關中王學謨重刊

南京户科給事中蘭谿陸鳳儀重修

南京户部廣西司主事黄岡汪道廣重校

南京户科給事中益都張蚪

南京户部廣西司主事順德鄭　吴

南京户部[illegible]司郎中浙川方　沆同校

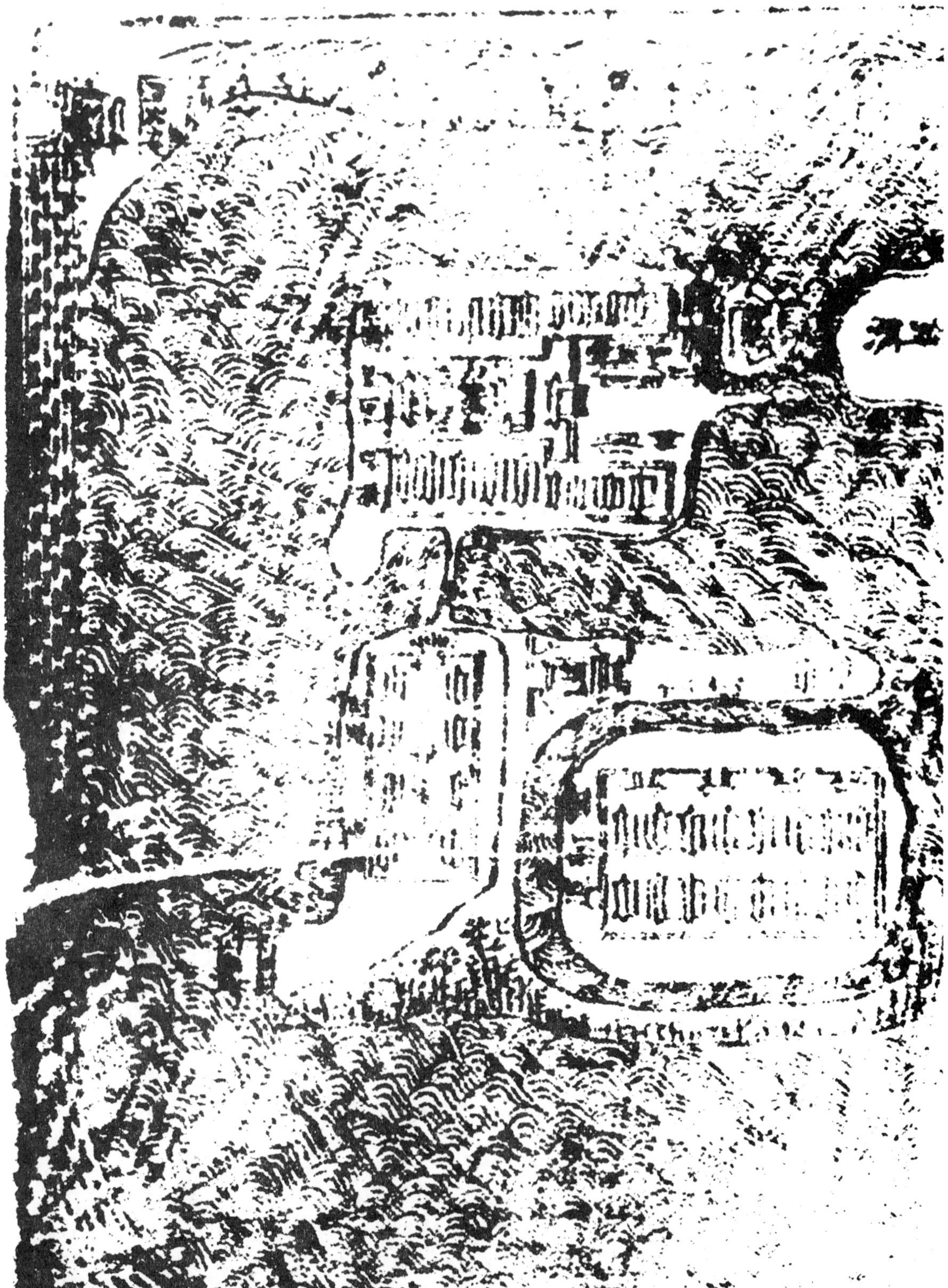

後湖志目録

後湖公署

卷之四

事例一

洪武十四年凡一條

洪武二十四年凡四條

永樂十一年凡一條

正統元年凡一條

景泰二年凡一條

景泰三年凡一條

景泰六年凡二條
天順五年凡一條
成化二年凡一條
成化十一年凡一條
成化十五年凡一條
成化二十三年凡二條

卷之五

事例二

弘治元年凡二條

弘治三年 凡四條

弘治四年 凡一條

卷之六

事例三

弘治五年 凡一條

弘治六年 凡三條

弘治十二年 凡一條

弘治十三年 凡一條

弘治十四年 凡一條

卷之七

事例四

弘治十六年凡一條

弘治十八年凡一條

正德五年凡[illegible]條

卷之八

事例五

正德六年凡一條

正德七年凡六條

後湖志　目錄　五

卷之九

事例六

正德九年　凡一條

正德十二年　凡一條

正德十四年　凡一件

正德十五年　凡五條

正德十六年　凡一條

嘉靖元年　凡　條

嘉靖三年　凡　條

嘉靖五年凡一條

嘉靖七年凡一條

卷之十

事例七

嘉靖十六年凡一條

嘉靖十七年凡一條

嘉靖二十四年[illegible]條

嘉靖二十五年凡五條

嘉靖二十六年凡六條

嘉靖二十八年[illegible]

嘉靖二十九年凡一條

嘉靖三十一年凡一條

嘉靖三十七年凡一條

嘉靖三十八年凡一條

嘉靖三十九年凡二條

嘉靖四十一年凡二條

後湖志 目錄

後湖志卷之一

事蹟一

後湖沿革

謹按版圖熏弟後湖勝地載考古今民數惟漢及本朝爲盛而藏得其地則未有如今日者也謹因聞見所及畧採史傳之紀録者輯後湖沿革後湖形勝民數恭

署三篇于一書之首以備稽考後之君

子其將詳覽於斯焉

後湖之蹟漢末之開也吳赤烏四年鑿青溪洩後湖水[illegible]辛酉冬鑿東渠名青溪通城北塹以□初湖溝闊五丈深八尺以洩湖水寶鼎二年開城北渠引後湖水流入新宮巡繞殿堂其名始著後又名練湖晉元帝創北湖以肄舟師大興三年始創北湖築長隄壅北由之水東自覆舟山西逕宮武城六里餘宋文帝元嘉二十三年改眞武湖于樂遊苑樂北堤立習武湖於樂遊苑之北湖中今雷所所二十五年

黑龍見因改玄武湖立廟祀焉四月丁[illegible]於湖南[illegible]五月戊戌黑龍見[illegible]改玄武湖二神山於湖中有秋化之[illegible][illegible]頭於湖側黑龍

潭[illegible]祀之[illegible]智[illegible][illegible]山

[illegible]張永開玄武湖[illegible]

軒[illegible]號燾以[illegible][illegible]

西漢甄邯墓有[illegible][illegible]文[illegible][illegible]以[illegible]冶塚側塚土上得一[illegible]十

[illegible][illegible][illegible]著作郎何[illegible]

承天曰此古新歲十上莽時三公甄邯之墓

在天家外一古塚內許三台甄江左古者[illegible]

[illegible]為大可徒一必邯之苑無流也又略之錄[illegible]

行[illegible]十後有一石銘云大司徒甄邯之墓[illegible]

孝武大明三年築上林苑於玄武湖北湖又謂於

行大[illegible]通水入華林[illegible]大溝引發內諸溝

繹太極殿由東西[illegible]門[illegible]法城南塹故臺中

諸溝水常

蒙[illegible]不息五年閱武於湖西七年詔於湖中

大閱水軍因號昆明池而俗亦呼爲飲馬塘
元徽中建平王景素舉兵蕭道成出屯爲齊
永明二年車駕幸玄武湖十月幸青溪宮設金石樂在位者賦
詩遂幸玄武湖梁太清中侯景舉兵引湖水以灌臺
城太平元年徐嗣徽引齊兵至湖陳大建十
一年宣帝閱武於大壯觀命任忠帥師陳於
湖至德四年後主幸湖閱武[illegible][illegible]以賦詩唐
乾元中詔於太平橋東接青溪其通後湖者
置放生池池凡八十一所有碑[illegible]州刺史顏眞卿文張[illegible][illegible][illegible]史侍[illegible]正書

養溪閣干上云南唐馮謐欲乞後湖未果謐愛後湖之景一日宴玄宗賜賀監三百里鏡湖臣亦非敢望此□但徒得後湖□□償平生也徐鉉□發□□主上尊賢下士常若不及豈惜一後湖所乏者知章耳馮大慚宋天禧元年丁謂請減城北後湖租賦從之自後稍廢為田開十字河立四斗門以洩湖水跨河為橋以通往來歲久湮塞四年改□放生池按舊圖經唐乾元中己置此池此蓋復其舊耳熙寧八年王安石奏請廢湖為田奉勑依允奏狀見第九卷紹興二年趙善湘增收後湖田租遂為例按此則廢湖為田蓋始於王安石增收後湖田租則始於趙善湘也淳祐十年五月增先賢祠

㰀後湖田七千餘畝元大德五年下鍾山鄉
開後湖河道蓋自是以後惟有一池而他皆
蕩畜之所也
國朝平定海宇始貯天下冊籍於湖之中洲防
範有法闕司事有官見後遂爲
一代禁地人不得窺伺矣
後湖形勝
湖在京城之北太平門外周迴四十里其外
名山大川掩映如畫南唐通書金陵北有湖周迴數十里名曰大川

紫映如畫六朝
遺迹多出其間

正東曰鍾山亦號蔣山古綃金陵山其山為
之六十甲誇輿衍秀光者山特高　木俏伏

御製詩鍾山突兀起天西王柱與經
御筆題雲雖金陵龍虎江川明陵樹鳳風枝氣
一吞江海三山小勢壓乾坤五嶽低華祝皆中
人中上萬年
帝業與天齊○唐同文應制詩
天駕春晴臨眺紺山老翠擁金隱花如雨
三千界紫氣成龍五百年風送香煙浮衣眼
池樹影拂青天詞臣侍從

其下有太平堤

何多幸安得詩才似沈宋
堤下藏水洞俗稱蓮花洞中設
小閘本朝築之以備湖水

有蔣廟蔣子文廣

陵人自謂己骨青死當為神漢末為秣陵尉
逐盜至鍾山下被傷而死後人見子文於道
侍從如平生以為神而祠之代著靈異○本
朝御製詩棟宇年深壽建修巋巍廟貌嶄岩

後湖志　卷之一　內　四百八十

取地連玄武神功著山接珠丘王氣孚龍蟠
乞靈詣！女牲牢共祝重
民庶福民號羅山之右永保
皇圖億萬秋○閻士選詩蔣王宮殿倚鍾山馬
鬣翬飛紫氣間護
陵賦傳千箇鹿民烹澤麓臨雲嵐近隔麒
麟市崇歸遠迷虎豹關松柏蒼有佛國寺有
荅衣月照川以禱旱亦靡攀

涵虛閣山之陽是爲

孝陵

懿文陵附焉正南曰覆舟山亦號真武山以北
武湖故名陳宣帝大建七年甘露降臨以
露宴群臣於龍舟山立北郊寺樂遊苑有寺岁
覆舟山詩[illegible]杯度僧不知姓氏常乘木杯渡
今往來京師神異不可測記載覆舟山

[illegible]
所爲臺城即古臺[illegible]
[illegible]
東西城有頭以爲[illegible]
[illegible]
[illegible]
於[illegible]下空城[illegible]
不起倉[illegible]破[illegible]
[illegible]
莫[illegible]西南有雞鳴山[illegible]
情[illegible]
正臨湖上也元嘉中雷次[illegible]
[illegible]王子良移居山下集四[illegible]
家之書[illegible]山之上有寺有賓公塔[illegible]
於此建十[illegible]
[illegible]塔[illegible]寺後山頂[illegible]
[illegible]

江起尊形[illegible]崇山[illegible]雲巖寺分三[illegible]
[illegible]人出[illegible]飛亦[illegible]受法得[illegible]
[illegible]下有瀆即青溪也吳太[illegible]
[illegible]城東[illegible]青溪[illegible]正其東
[illegible]古[illegible]清溪[illegible]有水[illegible]
[illegible]逆[illegible]秦[illegible]有九[illegible]有七合
[illegible]一曲[illegible]不[illegible]云[illegible]
[illegible]青溪[illegible]一[illegible]
[illegible]南通奉
[illegible]
人祖[illegible]
游流尚[illegible]秦()[illegible]

尾鱗鱗枕碧流縈艇莫愁
河安夫繫楊深巷有青樓

溝中設二石閘以貯放湖水一用木閘一用有孔銅板皆木釘設也正西有盧龍山一名獅子山晉元帝初渡江見此山綿延以北皆然盧龍故号名有馬鞍山有四望山山南爲石頭城即[illegible]頭[illegible]○仿

南唐[illegible]詩
五城樓堞各相望山水英靈宅帝王此地定由天造險古來長恃作金湯○

宋[illegible]登石頭城滿江紅
頻恨登臨浪自作驛人愁語石城上河瀕苦說宛支生猪當月卧龍商略處秦淮王氣眞何許與君來蕭瑟北覘鄰黄雲葬侁運皇湖玄武生此虎眞蹲照看四山環合休臨江渚可笑唐人無意度都言此虎變波去君且看明月爲人來潮生清

正北有湖頭路志云在玄武湖東北岸即今神策門至太平堤者是

也南史崔慧景奉江夏王內向中領軍王瑩都督衆軍據湖頭築壘上帶蔣山又王敬則東兵沈文季持節都將屯湖頭備京口路

有直瀆山

旁有直瀆洞東有流水入大江

有大壯觀山

陳宣帝起大壯觀於此山故名大建中幸大壯觀因大閱武命任忠陣於玄武湖上登玄武門觀宴羣臣因幸樂遊苑設絲竹之會重幸大壯觀振武而還

有幕府山

一名石灰山晉元帝初渡江丞相王導建幕府於此其上有僊人臺虎跑泉○米[illegible]詩幕府舊烟青宋[illegible]詩當初一馬渡江來幕府權宜向此開萬毕計彊苦舊物一時賓客爾多才建臺此事雖堪羨[illegible]流北人更可哀樹視不西言及此敍毅大意北時即

有坡山有梅花水山之西北為大江

即長江其下為揚子江湖夾江磐數里凡沿江名山皆歷秀焉○唐[illegible]

詩漢江迴萬里孤作九龍盤横潰鈐中國並鬼飛迅湍六帝淪亡後三吳不足觀我君混區宇垂拱衆流安今日任公子滄浪罷釣竿

湖之中有五洲[illegible]起中有十字亞疑即宋所謂也西北曰舊洲上爲庫以貯湖籍規制備見後卷西南曰新洲以洪武十五年爲庫以貯新冊上有郭璞墓洲南有大墩里俗相傳爲郭璞墓璞東晉人也有才學精於術數明帝時王敦起璞爲記室參軍以忤敦意敦收斬之按璞之斬在太平路姑孰南岡舊志謂死於武昌者昔人已正其非而金山之郭璞墓三山志亦謂水蹤舊侵不可辨則湖中之墓差是然亦難辨其眞僞也前抱一洲中有滿縈環如溪澗正德七年麥穆哥房於此及東二洲皆號荒洲以未建冊庫故云近西

小洲號別島秀出可愛湖南之水獨深而瀠則所謂黑龍潭也即劉宋時龍見處金陵壯麗以鍾阜爲衛江石頭諸葛亮曰鍾阜龍蟠石頭虎踞真帝王之宅而秀氣實鍾於此湖陳亮所謂建鄴帶玄武湖以爲險周應合所謂天然之池所謂湖開形勢所利者太應合論宋文帝浚湖曰因出教蒐所利者小湖關形勢所關林大校蒐湖之由以待後湖也之人皆非虛語也民數重事而財以此湖豈非天生勝地固有所待也與然晉宋相承迄于五季皆爲練兵遊樂之所而宋元又廢之

以爲明時篇至我

皇明始復其舊所藏冊於中版圖既得其地而

形勝亦有所歸之矣

大聖人之所作爲出於尋常萬萬也

民數考略

謹按黃冊所載每爲浩繁其大要則天下之人丁事產而已人丁即前代之户口事產即前代之田賦然不務其本無以見

今日之盛也故竊采其傳所録者輯爲此篇而今之人丁事產則詳備其數而別爲二條焉蓋見于古者其略各故今而爲行乎今者其事悉故分而爲二理固

然也

禹平水土爲九州人口千三百五十五萬三千九百二十三地之定墾者九百一十萬八千二十頃禹貢冀州厥土惟白壤厥賦惟上上錯厥田惟中中兗州厥土黑墳厥田惟中下厥賦貞[illegible]青州厥土白墳厥田惟上下厥賦中上徐州厥土赤埴墳厥田惟上中厥賦中中揚州厥土惟塗泥厥田惟下下厥賦下上上錯荊州厥土惟塗泥厥田惟下中厥賦上下豫州厥土惟壤下土墳壚厥田惟中上厥賦錯上中梁州厥土青黎厥田惟下上厥賦下中三錯雍州厥土惟黃壤厥田惟上上厥賦中下塗山之會諸侯

執玉帛者萬國周武王定天下列[illegible]之封

凡千七百七十二國周公相成王制理所進人口千三百七十萬四千九百二十三階矣之極盛也周禮小司寇及大比（三年比[illegible]司民之衆寡[illegible]）民數自生齒以上登于天府內府司會冢鍾貳之以制邦用司民（主民數者）掌登萬民之數自生齒以上皆書於版（版籍也）辨其國中（王國之內）與其都鄙及其郊野異其男女歲登（上也）下（除也）其死生（每歲有生者登而書之死者下而除之）及三年大比以萬民之數詔司寇司寇及孟冬祀司民之口（祀司民之神）ㄱ

獻其數于王王拜受之登于天府內史司會冢宰二之以贊王治秦孝公十二年初爲賦納商鞅說開阡陌制貢賦之法漢自高祖訖於孝平民户千二百二十三萬三千餘口五千九百五十九萬四千餘墾田八百二十七萬五百三十六頃漢極盛矣此所戶口田賦極盛之數東漢桓帝永壽二年户千六百七萬九百口五千六萬六千八百五十六墾田六百九十三萬一百二十三頃三十八畝此數據質帝本初元年數○此東漢戶口田賦極盛之侯

又按三國鼎峙之時合其戶數不能滿百五十萬昔人以為禍及盛漢時南陽汝南兩郡之數蓋戰爭分裂戶口虛耗十不存一理固然也 晉平吳之後九州攸同大抵編戶一百四十五萬九千八百四口千一百一十六萬三千八百六十三此晉之極盛也 晉之後南北分裂表連作短促者皆難稽據今以其極盛者計之宋文帝元嘉以後戶九十萬六千八百有奇孝文遷洛之後戶五百餘萬則混南北言之猶六百萬而已 隋混一之後至大業二年戶八百九十萬七千有奇墾田五千五百八十五萬四千四十頃 此隋極盛之數 唐制凡丁附於籍帳者春

附則課役並徵夏附則免課從役秋附則課役俱免制每歲一造帳三年一造籍州縣留五比尚書省留三比天寶十三載戶九百六萬九千一百五十四應受田一千四百三十萬三千八百六十二頃十三畝此唐戶口田賦極盛之數

馬氏曰唐之土地不殊兩漢而戶口極盛之時纔及其三之一何也蓋兩漢特戶賦輕故當時郡國所上戶口版籍其數以實自魏晉以來戶口之賦頓重則版籍容有不盡實固其勢也又曰均此宇宙也田日加於前落門削於籍何也蓋一定而不可易者田畝出以亂離之後容有荒蕪而頃畝猶在可存遷逃經麻蓋戶漢假愆之餘並豫為授便稅

附患杜佑以爲唐有武德初何以寬□十□而
三□八年可以比漢室而人户纔比於隋
氏蓋有司不以經國爲遠圖□□□□至於□
令不行所在隱漏之甚其說是矣宋至道之□
年詔後造天下郡國户口版籍□□□□
失故户口隱漏莫稽則元豐間天下總四□
知至是始命復造焉
一十八路田四百六十一萬六千五百五十六頃
六頃此元豐間天下墾田之數□□治平□□□
增者二十餘萬頃以比□□之□□□
國初西不得靈夏南不得交趾然三分之□□
亦西半不得靈夏□□隨屯戍之地□□未□多未應
佑於中□之地然則其故何也按治平會計
録所載特計其□但以知其□畝而賦租
所不加者十居其七率□計之則天下墾田
無慮三千餘萬頃蓋祖宗重擾民未嘗窮按

其數莫考 崇寧元年戶三十萬三千四百九
十五口四十萬九千一百六十三此宋戶口極盛之數
按此則古今戶口無如崇寧大觀之盛然觀
政和間詳定九域圖志而蔡攸何志同言天
下戶口之數類多不實志同言本所取會天
[illegible]戶口數類多不實
[illegible]戶五萬二千五
[illegible]七十七[illegible]口幾
[illegible]主客戶[illegible]三口
[illegible]之徐闕中乞
四口[illegible]
[illegible]戶
參考戶口[illegible]大觀間已二千

九十山萬乞照州路鄭秀良口 則當時所立
幾絶歸令與陳同 徐玫詞牒
殊失發貫所紀不足憑矣

後湖志卷之一

後湖志 卷之一 一十五

後湖志卷之二

事蹟二

黃冊數目

謹按天下黃冊之數

國初至今嚮成不一今將洪武初年本庫見在之數與弘治十五年嘉靖廿一年奏繳之數以備參考云

國初直隷府州縣并十三布政司黃冊共五萬三千三百九十三本

直隷府州縣一萬一百五十五本

浙江布政司一萬二千五百零五本

四川布政司一千七十一本
廣西布政司四百三十一本
江西布政司八千一十一本
湖廣布政司二千七百三十七本
山東布政司三千八百七十本
陝西布政司二千八百零四本
山西布政司二千一百五十三本
福建布政司三千四百八十二本
廣東布政司一千九百三十九本

河南布政司一千七百五十本
北平布政司三千二百六十四本
雲南布政司二百一十九本
貴州布政司二本
弘治十五年南北直隸府州縣并十三布政
司黄冊共六萬七千四百六十八本
南直隸一萬三千三百八十五本
北直隸三千一百八十本
浙江布政司一萬四百四十四本

江西布政司一萬三百六十九本
湖廣布政司二千一百四十八本
四川布政司一千五百五十五本
廣東布政司三千二百二十本
廣西布政司一千二百零四本
山東布政司五千九百八十八本
山西布政司四千四百零三本
河南布政司三千六百九十七本
貴州布政司一百七十五本

雲南布政司六百四十一本
陝西布政司二千四百六十九本
福建布政司三千八百九十本
嘉靖二十一年南北直隸府州縣并浙江等
十三布政司黄冊共六萬五千八百五十
九本
南直隸一萬三千一百七十四本
北直隸三千三十八本
浙江布政司一萬四百五本

江西布政司一萬五十二本
湖廣布政司三千二十三本
山東布政司五千七百八十四本
山西布政司四千二百本
河南布政司三千二百六十六本
福建布政司三千七百本
四川布政司一千五百五十四本
陝西布政司三千四百三十一本
廣東布政司三千二百六十五本

廣西布政司一百□□

雲南布政司六百五十五本

貴州布政司一百三十二本

黃冊戸口

[illegible]會典　謹敘

國初覈實天下戸口具有定籍令各務所業
其後休養既久生齒浩繁戸籍分合及
逃移附籍并脫漏不報者多其數乃
于萬今以近歲圖數目備列于後[illegible]
見增減之故云

國初直隸府州縣并十三布政司

户總計一千六十五萬二千七百八十九

口總計六千五十四萬五千八百一十二

直隸府州縣

户一百九十一萬二千八百三十三

口一千七十五萬五千九百三十八

浙江布政司

户二百一十三萬八千二百二十五

口一千四十八萬七千五百六十七

四川布政司

户二十一萬五千七百一十九
口一百四十六萬六千七百七十八
廣西布政司
户二十一萬一千二百六十三
口一百四十八萬二千六百七十二
江西布政司
户一百五十五萬三千九百二十三
口八百九十八萬二千四百八十一
湖廣布政司

户七十七萬五千八百五十一
口四百七十萬二千六百六十
山東布政司
户七十五萬三千八百九十四
口五百二十五萬五千八百七十六
陜西布政司
户二十九萬四千九百二十六
口二百三十一萬六千五百六十九
山西布政司

户五十九萬五千四百四十四

口四百七萬二千一百二十七

福建布政司

户八十一萬五千五百二十七

口三百九十一萬六千八百六

廣東布政司

户六十七萬五千五百九十九

口三百萬七千九百三十二

河南布政司

户三十一萬五千六百一十七

口一百九十一萬二千五百四十二

北平布政司

户三十三萬四千七百九十二

口一百九十二萬六千三百九十五

雲南布政司

户五萬九千五百七十六

口二十五萬九千二百七十

治十五年南北直隷府州并十三布政司

户總計九百六十九萬一千五百四十八
口總計六千一百四十一萬六千三百七
十五

南直隸

户一百九十萬九千二百二十七
口一千一十七萬九千二百五十二

北直隸

户四十二萬七千一百四十四
口四百二十萬五千三百四十七

浙江布政司
户一百五十萬一千三百四
口五百二十七萬七千八百六十二
四川布政司
户二十五萬七千三百五十七
口二百六十六萬八千七百九十一
廣西布政司
户一十八萬二千四百二十二
口一百萬五千四十三

江西布政司

户一百三十八萬五千一百三十八

口六百八十九萬五千二百九十

三

湖廣布政司

户五十一萬七千六百七十四

口四百一十七萬三千二百八十

五

山東布政司

户八十五萬八千五百五十七

口七百六十二萬一千二百一十

陝西布政司

户三十六萬二千五十一

口三百九十三萬四千一百七十

六

山西布政司

户五十八萬八千九百六十二

口四百八十七萬九百六十五

福建布政司

户五十萬八千六百四十九

口二百六萬二千六百八十三

廣東布政司

户四十七萬一千八百六十二

口一百八十五萬八千二百五十

七

河南布政司

户五十五萬九百七十三

口四百九十八萬九千三百二十七

雲南布政司

戶一十二萬六千八百七十四

口一百四十一萬九十四

貴州布政司

戶四萬三千三百五十四

口二十六萬四千七百九十八

嘉靖二十一年

[illegible]

户總計九百九十七萬二千二百二

口總計六千二百五十三萬一百九十五

南直隸

户二百一萬五千六百四十六

口一千四十萬二千一百九十八

北直隸

户四十四萬八千六十一

口四百五十六萬八千二百五十九

浙江布政司

户一百五十二萬八千一百五十七

口五百一十萬八千八百五十五

江西布政司

户一百三十五萬七千四十八

口六百九萬八千九百三十一

湖廣布政司

户五十四萬二千九百一十五

口四百四十三萬六千二百五十五

山東布政司

戶八十三萬七千三百四十五
口七百七十一萬八千二百二

山西布政司
戶五十九萬二千八百九十
口五百六萬九千五百一十五

河南布政司
戶六十萬三千八百七十一
口五百二十七萬八千二百七十五

福建布政司

戶五十一萬九千八百七十八
口二百一十一萬一千二十七
四川布政司
戶二十六萬八百八十五
口二百八十萬九千一百七十
陝西布政司
戶三十九萬五千六百七
口四百八萬六千五百五十八
廣東布政司

戶田十九萬二千九百六十二
口二百五萬二千三百四十三
廣西布政司
戶二十萬九千一百六十四
口一百九萬三千七百七十
雲南布政司
戶一十二萬三千五百三十七
口一百四十三萬一千一十七
貴州布政司

戶四萬四千二百五十七

口二十六萬六千九百二十

黃冊事產 詳見戶口條下

國朝直隷府州并十三布政司

田土總計八百八十萬四千六百二十三

頃六十八畝

夏稅麥四百六十九萬一千五百二十

石

秋粮米二千四百七十二萬九千四百五
十石
直隸府州縣田土計一百五十六萬六
千二百七十四頃五十二畝
夏稅麥九千六萬九千六十一石
秋粮米六百二十四萬四千三百七
十九石
浙江布政司田土計五十一萬七千五
十一頃五十一畝

夏税麥八萬五千五百二十石
秋粮米二百六十六萬七千二百七
石
四川布政司田土計一十一萬二千三
十二頃五十六畝
夏税麥三十二萬五千五百五十石
秋粮米七十四萬一千二百七十八
石
廣西布政司田土計一十萬二千四百

三頃九十畝
夏税麥一千八百六十九石
秋粮米四十九萬二千三百五十五
石
江西布政司旧扗計四十三萬一千一
百八十六頃一畝
夏税麥七萬九千五十石
秋粮米二百五十八萬五千二百五
十六石

湖廣布政司田土計二百二十萬二千
一百七十五頃七十五畝
夏稅麥一十三萬八千七百六十六
石
秋粮米二百三十二萬三千六百七
十石
山東布政司田土計七十二萬四千三
十五頃六十二畝
夏稅麥七十七萬三千二百九十七

石
秋粮米一百八十萬五千六百二十
石
陝西布政司田地計三十一萬五千二
百五十一頃七十五畝
夏稅麥六十七萬六千九百八十六
石
秋粮米一百二十三萬六千一百七
十八石

山西布政司田土計四十一萬八千六
百四十二頃四十八畝零
夏稅麥七十萬七千三百六十七石
秋糧米二百九萬三千五百七十石
福建布政司田土計一十四萬六千二
百六十九頃六十九畝
夏稅麥六百六十五石
秋糧米九十七萬七千四百二[illegible]
廣東布政司田土計二十三[illegible]

百四十頃五十六畝
夏稅麥五千三百二十石
秋糧米一百四萬四千七十八石
河南布政司田土計一百四十四萬九
千四百六十九頃八十二畝零
夏稅麥五十五萬六千五十九石
秋糧米一百六十四萬二千八百五
十石
北平布政司田土計五十八萬二千四

百九十九頃五十一畝

夏稅麥三十五萬三千二百八十石

秋粮米八十一萬七千二百四十石

雲南布政司田土無額

夏稅麥一萬八千七百三十石

秋粮米五萬八千三百四十九石

弘治十五年南北直隸府州并十三布政司

田土總計四百二十九萬二千三百一十

頃七十五畝零

夏稅麥五百一十八萬四千二百九十六
石九斗四升
秋粮米二千四百四十八萬八千二百二
十三石六斗一升
南直隸田土計六十九萬六千七百二
十頃一十二畝
夏稅麥一百三十二萬七千七百一
十三石七斗四升
秋粮米六百二十三萬六千一百八

十三石七斗五升
比直隸田土二十七萬四千三十三頃
一畝
夏稅麥四十三萬五千八百二十七
石九升
秋粮米一百一萬七千五百六石六
升
浙江布政司田土計四十七萬[illegible]千八
百九十六頃

夏税麥一十五萬四千二百三十八
石九斗八升
秋粮米二百三十六萬三千三百八
十六石三斗八升
江西布政司田土計四十萬二千四百
六十五頃二十七畝
夏税麥八萬七千九百一十二石九
斗八升
秋粮米二百五十五萬九千七百五

石六十五升

湖廣布政司田土計二十萬九千二十

六頃五十八畝

夏稅麥一十三萬九百一十石二斗

六升

秋粮米二百三萬六千九百九十五

石一斗八升

四川布政司田土計一十萬七千九百

五十六頃九十六畝

夏稅麥二十四萬五千五百九十二石七
斗一升
秋粮米七十一萬五千三百四十五
石九斗九升
山西布政司田土計三十九萬一千五
百五十四項四十七畝
夏稅米六十八萬二千二百九十二
石三斗五升
秋粮米二百二萬六千九百二十二

石三斗十二升
山東布政司田土計五十五萬五千八
百六十六頃六十二畝
夏稅麥八十九萬八千六百七十八
石八斗五升
秋糧米二百九萬八千六百九十九
石六斗九升
河南布政司田土計四十一萬六千二
百九十三頃六十一畝

夏稅麥六十二萬二千一百二石六
斗十二升
秋粮米一百七十八萬二千一百八
石一斗四升
陝西布政司田土計二十六萬三千七
百一十七頃五十四畝
夏稅麥七十四萬四千四百四十五
石一斗一升
秋粮米一百二十萬五百四十二石

八升

福建布政司田土計一十三萬五千二

百五十九頃九十二畝

夏稅麥八百七十六石八斗

秋粮米八十四萬一千三百五十三

石二升

廣東布政司田土計二十五萬五千七

百八十八頃四十九畝

夏稅麥六千七石五斗一升

秋粮米一百一萬八千三百七十七

石三升

廣西布政司田土計九萬二千四百七

十三頃四畒

夏稅麥三千三百八十石六斗一升

秋粮米四十三萬六千九百八十七

石八斗八升

雲南布政司田土計一萬七千二百七

十九頃一十二畒

夏稅麥三萬四千六十一石八斗八

升

秋粮米一十萬五千七百七十五石

七斗八升

貴州布政司

旧土自來原無大都添設

夏稅麥二百五十三石四斗五升

秋粮米四萬八千三百三十四石八

斗八升

嘉靖二十一年南北直隸并十三布政司
田土總計四百三十六萬五百六十三頃
六十畝九分
夏稅麥四百九十九萬二千一百三十四
石四斗
秋糧米二千四百一十九萬八千四百七
十二石九斗
南直隸
田土七十一萬六千二百九十八頃

二十一畝
夏税麥一百三十五萬七千二百四
十四石八斗十三升
秋粮米六百十十三萬二百九十一
石九斗七升

北直隷
田土二十七萬六千三百二十六頃
七十畝五分
夏税麥門十三萬五千八百五十三

石三斗四升
秋糧米一百一萬九千六百六十五
石九升
浙江布政司
田土四十七萬三千一百七十頃七
十七畝
夏稅麥一十五萬三千九百五十一
石七斗八升
秋糧米二百三十六萬八千三百六

十九石一斗三升

江西布政司

田土四十萬一千七百三十九頃一

十三畝五分

夏稅麥一十一萬七千三百一十二

石六斗二升

秋粮米二百五十二萬七千九百五

石二斗七升八

湖廣布政司

田土二十四萬九千五百九十三頃
九十一畝八分
夏稅麥一十萬一千石三斗二升
秋粮米二百三萬二千六百一石一
斗二升

山東布政司

田土五十五萬五千八百八十三頃
九十三畝四分
夏稅麥八十九萬九千四百二十二

石二斗三升

秋粮米二百九萬九千五百五十五

石六斗十五升

山西布政司

田土三十九萬一千五百六十七頃

一十四畝四分

夏稅麥六十八萬一千四百一十一

石八斗七升

秋粮米二百三萬四千三百四千石

二升

河南布政司

田土四十一萬六千三百二十一頃

七十九畝四分

夏税麥六十二萬一千一百一十六

石九斗二升

秋粮米一百八十萬七千七百九十

九石二斗七升

福建布政司

田土一十三萬五千四百七十五頃
三十三畝一分
夏稅麥八百七十六石八斗
秋粮米八十四萬二千七十二石四
斗
四川布政司
田土一十萬九千九百七頃四十一
畝四分
夏稅麥三萬五千二百七石四斗四

升
秋粮米六十八萬四千八百七十二
石三斗七升
陝西布政司
田土二十六萬三千七百八十五頃
六十畝九分
夏税麥六十六萬四千七百一十七
石二升
秋粮米一百四萬五千九百二十石

一斗八升

廣東布政司

田土二十五萬六千九百六十八頃

三十四畝一分

夏稅麥四千三百九十七石九斗

秋粮米一百一萬三千六百二石八

斗

廣西布政司

田土九萬二千八百六十八頃六十

七畝七分
夏稅麥一千九十八石五斗一升
秋粮米四十三萬九千五百二十五
石四斗五升
瓔南布政司
田土一萬七千六百六十五頃九十
一畝四分
夏稅麥三萬四千九百四十九石五
斗九升

秋粮米一十萬六千五百九十三石

七升

貴州布政司

田土二千九百五十一頃六十二畝

九分

夏税麥二百三十九石四斗

秋粮

米四萬五千二十六石二升

舊冊庫架

臣制務十年造冊先期題

准行工部轉行南京工部照造冊庫三十間

東西分布洲所多有總沙突出色一象庫名也或分東西或分南北或分前後名為庫勢也每庫十間為冊架四每架三層層以木板承頂用板蓋為披木以防滲漏焉

舊洲冊庫架

洪武十四年分　計九間冊架三十五連

洪武二十四年分　南北庫計二十五間冊架一百座

嘉靖三……十八

三

永樂元年分

南北庫計二十九間冊架一百二十座內二十座又貯永樂十年冊

永樂十年分

南庫計十七間冊架六十八座

小庫計七間冊架二十八座另冊架二十座寄貯永樂元年冊庫

北庫計十七間冊架六十八座

小庫計二間冊架二十八座

永樂二十年分

南庫計二十一間冊架一百二十座

宣德七年分

南北庫計三十二間冊架一百四十二座

正統七年分

南北庫計三十間冊架一百二十座

景泰三年分 前後東西冊二十四間冊架九十八座

天順六年分 南庫冊二十二間冊架八十八座

一[illegible] 南小庫計五間冊架二十本 北小庫計五間冊架二十座

成化八年分 前後庫計三十間冊架一百座

成化十八年分 前後庫計三十間冊架九十四座

弘治五年分 前後庫計三十間冊架一百十八座

中洲冊庫架[illegible] 洲[illegible] 八論亭下張引洲

弘治十五年分 東西庫計三十間冊架一百二十座

正德七年分 東西庫計三十間冊架一百二十座

嘉靖元年分　東西庫計三十間　閘架一百二十座

新洲冊庫架　洲[illegible]　華欄

嘉靖十一年分　東西庫計三十間　閘架一百二十座

嘉靖二十一年分　東西庫計二十間　閘架一百二十座

嘉靖三十一年分　東西庫計三十間　閘架一百二十座

嘉靖四十一年分　東西[illegible]三十間　閘架[illegible]二十座

進冊衙門

大明會典兼攷

國初洪武元以京畿應天等府直隸六部改行
中書行為十二布政使司分隸十八年
革中書省改使司為各隸承宣布政使司雲
南交趾三布政使司可從十年令□□貴
革今按後湖黃冊洪武年間已有□貴
而永樂十八年以後無所謂交趾冊者
豈此或後之補造而錢則除其籍與
然天下進冊衙門
國初等今開添不一今特採近年定數以便
檢閱云

弘治十五年各處進冊衙門總計一千七百
三十一

府一百四十二

州二百三十四

縣一千一百三十八

軍民府一十一

宣慰司一十二

宣撫司一十一

安撫司二十

招討司一　長官司一百六十二

南直隸

縣九十五
北直隸
府八　州一十七
縣一百一十七
山西布政司
府三　州二十一
縣七十五
山東布政司

府六　州一十五
縣九十九
河南布政司
府七　州三十三
縣九十四
陝西布政司
府八　州二十二
縣九十四
浙江布政司

府十一　縣七十六

江西布政司

府一十三　州一

縣六十八

湖廣布政司

府一十四　州一十七

縣一百四　宣慰司二

宣撫司四　安撫司九

長官司二十五

四川布政司

府七　州一十七

縣一百六　軍民府四

宣慰司一　宣撫司四

安撫司七　招討司一

長官司二十七

廣東布政司

府一十　州七

縣六十四

廣西布政司

府十一　州四十一

縣五十三　軍民府

長官司

雲南布政司

府一十四　州三十九

縣三十四　軍民府七

宣慰司八　宣撫司三

安撫司三　長官司二十五

福建布政司
府八　州一
縣五十三
貴州布政司
府八　州六
縣六　宣慰司一
安撫司一　長官司八十二
嘉靖二十一年各處進冊衙門總計一千六
百八十三

府二百四十
州二百三十
縣一千一百三十九
軍民府一十三
宣慰司四
宣撫司五
安撫司八
招討司一
各衛軍民指揮使司一十七

長官司一百一十八

千户所一

鹽運司一

鹽課提舉司二

上林苑監一

巡檢司二

南直隷

府一十四　州一十七

縣九十五

北直隸

府八　州一十九

縣一百十六　上林苑監一

浙江布政司

府十一　州一

縣七十五

江西布政司

府一十三　州一

縣七十三

湖廣布政司
府一十五　州一十六
縣一百六　宣慰司二
宣撫司一　安撫司四
長官司二　衛一
巡檢司一
山東布政司
府六　州一十五
縣八十九

[illegible]西布政司
府四　州二十
縣七十七
河南布政司
府八　州一十二
縣九十六
福建布政司
府八　州
縣五十六　鹽運司一

卷之二　三十六

四川布政司

府七　州二十一

縣一百五　軍民府三

宣慰司一　宣撫司四

安撫司三　衛六

軍民指揮司一

招討司一　千戶所一

長官司二十一

巡檢司一

陝西布政司
府八　州二十一
縣九十五　衛四
廣東布政司
府十　州七
縣六十七　鹽課提舉司二
廣西布政司
府十　州三十九
縣五十二　軍民府一
長官司二

雲南布政司

府一十　州三十四

縣三十一　軍民府九

衛一

長官司一十二

貴州布政司

府八　州六

縣六　宣慰司一

安撫司一　衛四

長官司八十一

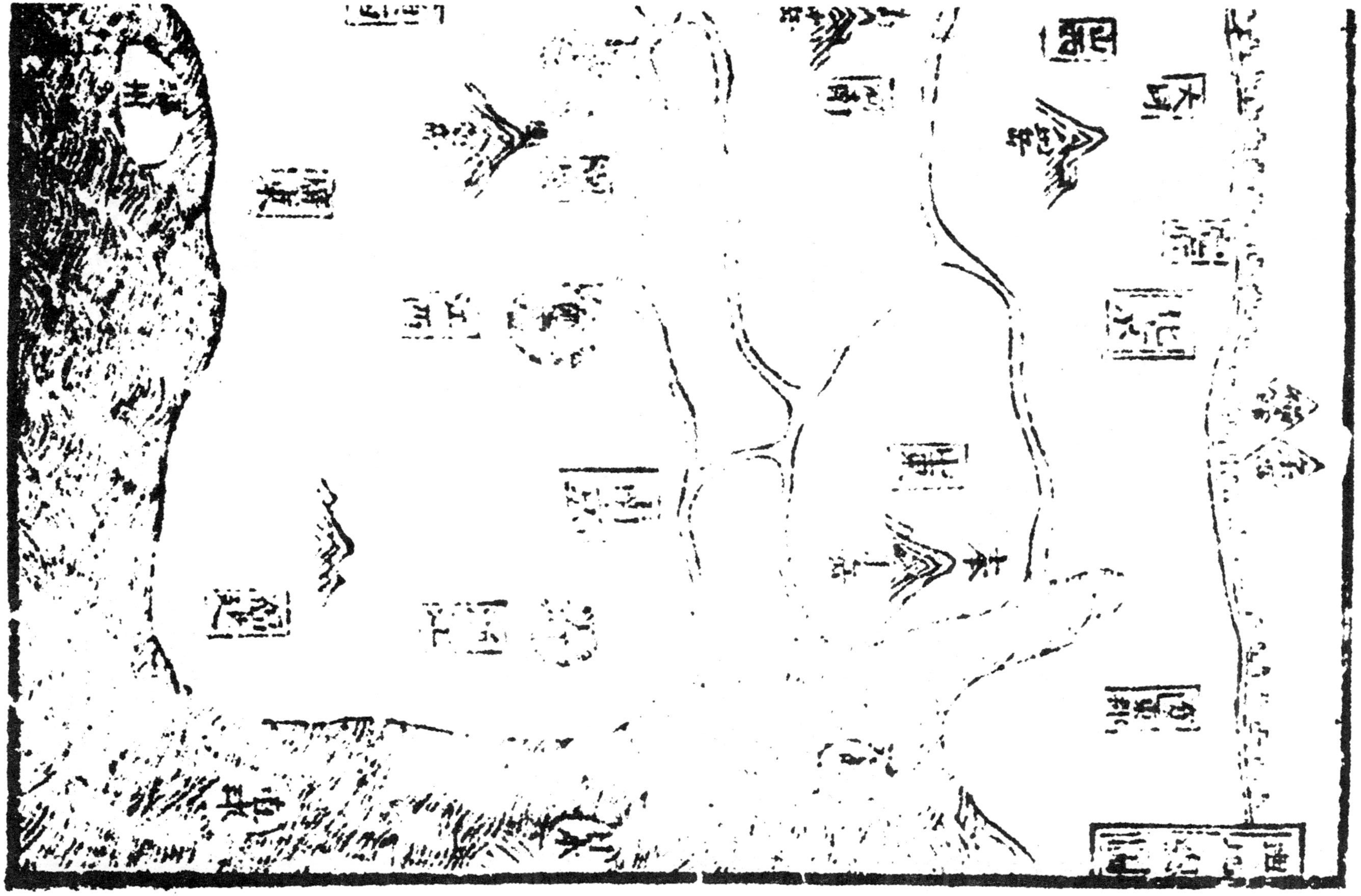

陝西

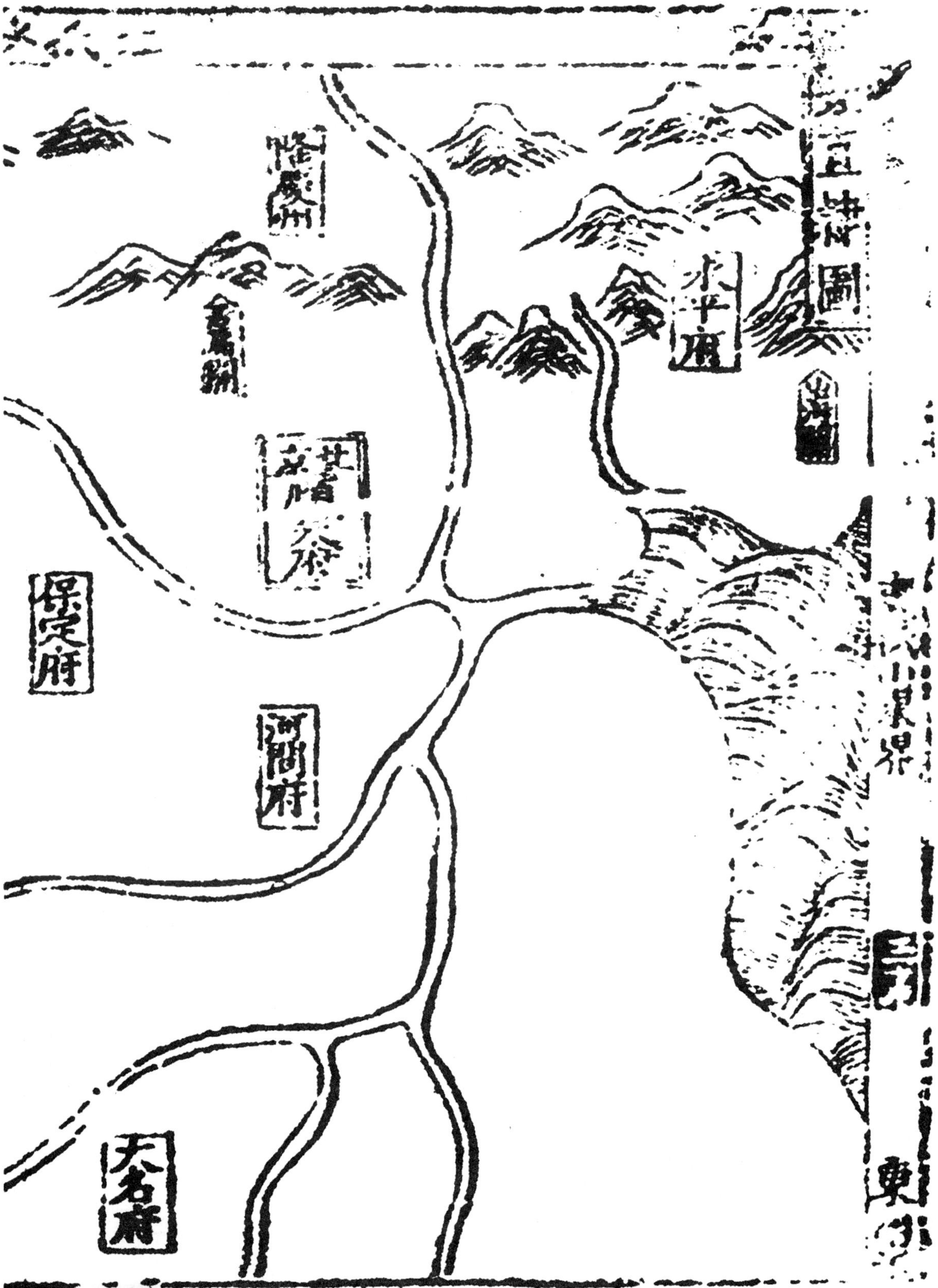

水平府
保定府
河間府
大名府

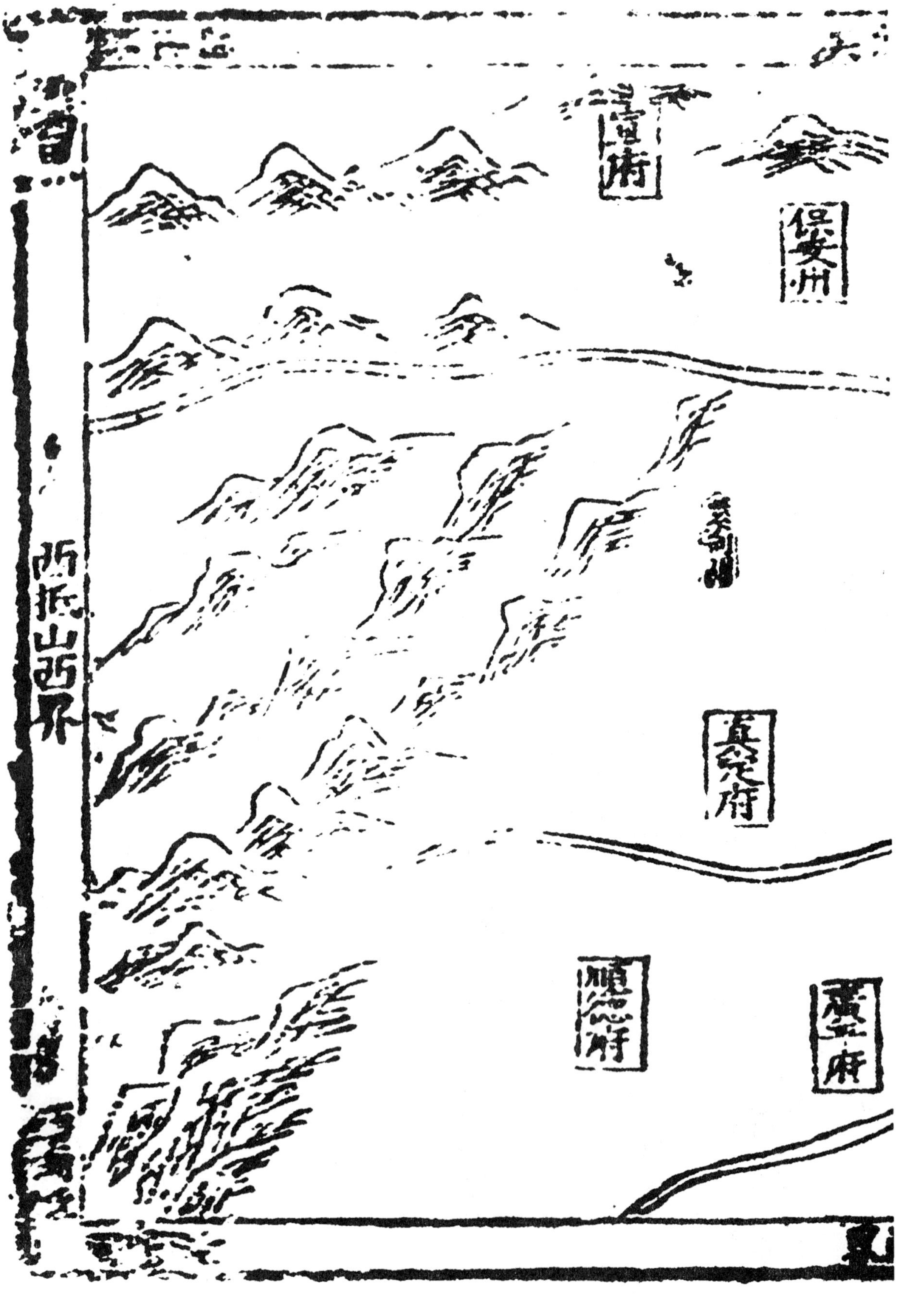
宣府
保安州
西抵山西界
真定府
順德府
廣平府

北京并直隸於府八州十九州縣一百一十
六
順天府州五縣二十二附郭縣二大興宛平
外永清良鄉固安東安香河
通州屬縣四三河武清漷縣寶坻
昌平州屬縣三順義密雲懷柔涿州
屬縣一房山霸州屬縣三文安大
城保定薊州屬縣四玉田豐潤遵
化平谷
保定府領州三縣十七附郭縣一清苑外滿城

安肅十六里 定興二十里 新城二十四里 唐縣二十二里 博野二十二里 慶都十里 容城十六里 完縣十八里 蠡縣二十九里 雄縣二十九里 祁州十八里 屬縣二 深澤十五里 束鹿二十九里 安州十六里 屬縣二 高陽四十 新安五里 易州三十八里 屬縣一 淶水二十六里

河間府領州二縣十六附郭縣一 河間二十七里 外獻縣二十七里 阜城十一里 肅寧五里 任丘十里 交河十八里 青縣十一里 興濟一里 靜海十一里 寧津十四里 景州十九里 屬縣三 吳橋十四里 東光九里 故城八里 滄州十七里 屬縣三 南皮十里 鹽山二十里 慶雲十一里

真定府領州五縣二十七附郭縣一 真定十四里 外井陘四十

獲鹿 元氏 靈壽 藁城 欒城
無極 平山 阜平 屬縣三 深
曲陽 行唐 冀州 屬縣四
新河 棗強 武邑 晉州 屬縣三
饒陽 武強 趙州 屬縣六 柏鄉
隆平 高邑 臨城 贊皇 寧晉 深
州 屬縣一 衡水
順德府領縣九附郭縣一邢臺 外沙河 南和
平鄉 廣宗 鉅鹿 唐山 內丘
任縣

廣平府領縣九附郭縣一永年　外曲周　肥鄉

邯鄲　雞澤　廣平　成安　威縣　清河

大名府領州一縣十附郭縣一元城　外大名　南

樂　魏縣　清豐　內黃　濬縣　滑縣

東明　開州　長垣

永平府領州一縣五附郭縣一盧龍　外遷安　撫

寧　昌黎　灤州　樂亭

隆慶州　屬縣一永寧

保安州

木

池州府
廣德州

滁州
和州
太平府
廬州府
安慶府
池州府
徽州府

南京并直隸共府十四州十七（內直隸四州）縣九十六河泊所二

應天府領縣八附郭縣二上元（[illegible]）江寧（[illegible]）外句容（二百六十四里）溧陽（[illegible]）溧水（六十[illegible]）江浦（[illegible]）六合（[illegible]）高淳（[illegible]）

鳳陽府領州五縣十三附郭縣一鳳陽（三十五里）外臨淮（[illegible]）懷遠（四十七里）定遠（[illegible]）五河（十五里）虹縣（十九里）壽州（四十[illegible]）領縣二霍丘（三十七里）蒙城（二十五里）泗州（九十里）屬縣二盱眙（[illegible]）天長（十一里）宿州（七十里）屬縣一靈璧（四十里）潁州（八十里）屬縣二潁上（十九里）太和（三十五里）亳州（四十九里）

蘇州府領州一縣七附郭縣二吳縣（三百十一里）長洲（七百四十一里）外崑山（[illegible]）常熟（[illegible]）吳江（[illegible]）嘉定（[illegible]）

太倉州二百二十四里屬縣一崇明一百十里

松江府領縣三附郭縣一華亭八百十一里外上海五百七十四里清

浦

常州府領縣五附郭縣一武進四百五十七里外無錫四百四十里江

陰三百十四里靖江八十里宜興三百七十里

鎮江府領縣三附郭縣一丹徒二百十八里外丹陽一百四十五里金

壇一百四十二里

揚州府領州三縣七附郭縣一江都一百十九里外儀真十四里泰

興一百八十里高郵州八十里屬縣一興化九十里寶應二百四十里泰

州十七里屬縣一如皋二百四十二里通州一十五里屬縣一海門二百

淮安府領州二縣九附郭縣一山陽　外鹽城九十一里
清河四十里　安東一百十里　桃源　沭陽　海州　贛
縣一贛榆　邳州　宿遷　睢寧
廬州府領州二縣六附郭縣一合肥　外舒城　廬
江　無為州　廬江　縣一巢縣　六安州　霍
縣二英山　霍山
安慶府領縣六附郭縣一懷寧　外桐城　潛山
太湖　宿松　望江
太平府領縣三附郭縣一當塗　外蕪湖　繁昌
寧國府領縣六附郭縣一宣城　外寧國　涇縣

里 太平 旌德 南陵 八十里

池州府領縣六附郭縣一貴池 外 青陽 銅陵

石埭 建德 東流

徽州府領縣六附郭縣一歙縣 外 休寧 婺

源 祁門 黟縣 績溪

廣德州 屬縣一 建平

和州 屬縣一 含山 裕 河泊所 河泊所

滁州 屬縣二 全椒 來安

徐州 屬縣四 蕭縣 碭山 豐縣 沛縣

八十里

嘉興府
紹興府
寧波府
台州府
溫州府
日本

湖州府
杭州府
嚴州府
金華府
衢州府
處州府

浙江布政司領府十一州一縣七十五

杭州府領縣九附郭縣二錢塘一百六十里仁和三百六十里外海寧三百五十六里富陽七十二里餘杭七十三里臨安四十八里於潛十二里新城十三里昌化十里

嘉興府領縣七附郭縣二嘉興三百八十一里秀水二百三十五里外嘉善二百四里海鹽一百六十一里崇德二百十一里平湖一百十四里桐鄉一百一十九里

湖州府領州一縣六附郭縣二烏程二百九十里歸安三百九里外長興二百四十三里德清二百十四里武康六十九里安吉州六十七里屬縣一孝豐五十三里

徐州志

嚴州府領縣六附郭縣一建德八十四里 外淳安八十五里 桐廬十
三十里 遂安五十九里 壽昌三十里 分水十八里

金華府領縣八附郭縣一金華一百八十六里 外蘭溪二百四十一里 東
陽一百八十七里 義烏一百四十二里 永康一百七十里 武義九十四里 浦江一百
二里 湯溪六六 四

處州府領縣十附郭縣一麗水一百六十里 外青田十一百二十三里 縉
雲九十七里 松陽一百九十九里 遂昌七十九里 龍泉一百十六里 慶元五十三里 雲
和五十九里 宣平四十五里 景寧五十六里

紹興府領縣八附郭縣二山陰二百十里 會稽一百二十二里 外蕭
山一百四十里 諸暨一百十五里 餘姚二百九十四里 上虞一百六十四里 嵊縣

[illegible]二里新昌三十七里

寧波府領縣五附郭縣一鄞縣四百十四里外慈谿二百一里奉化

一百四十八里定海九十里象山三百三十里

台州府領縣六附郭縣一臨海一百五十三里外黃巖七十六里天台

三十六里仙居六十八里寧海一百二十里太平六十六里

溫州府領縣五附郭縣一永嘉一百二十八里外樂清一百三十四里平

陽一百二十三里瑞安一百三十九里泰順一百十八里

衢州府領縣五附郭縣一西安一百十六里外龍游一百八十四里常

山一百十一里江山一百十九里開化一百四十五里

後湖志　浙江　里長

九江府
瑞州府
臨江府
袁州府
吉安府
南安府
贛州府
界

江西布政司領府十三州一縣七十三

南昌府領州一縣七附郭縣二南昌六百三十八里 新建二百十四里 外豐城三百七十七里 進賢二百二十六里 奉新一百十九里 靖安二十八里 武寧五十四里 寧州八十七里

饒州府領縣七附郭縣一鄱陽三百二十一里 外餘干一百五十四里 浮梁一百五里 德興七十五里 安仁八十二里 萬年六十五里 樂平二百四十里

廣信府領縣六附郭縣一上饒九十九里 外玉山五十九里 弋陽六十一里 貴溪一百二十里 鉛山五十七里 永豐六十七里 興安二十三里

南康府領縣四附郭縣一星子二十八里 外都昌五十九里 建昌八十六里 安義四十六里

九江府領縣五附郭縣一德化十七里 外德安十八里 瑞昌三十
里 湖口十七里 彭澤十八里

建昌府領縣四附郭縣一南城二百五十八里 外新城七十八里 南豐
一百二十二里 廣昌二十二里

撫州府領縣六附郭縣一臨川四百四十八里 外崇仁二百十五里 金
谿一百八十里 宜黃六十四里 樂安二百十六里 東鄉一百十九里

臨江府領縣四附郭縣一清江二百五十四里 外新淦二百二十六里 新
喻二百七十五里 峽江一百七十七里

吉安府領縣九附郭縣一廬陵六百三里 外泰和二百五十六里 吉水
四百三十四里 永豐三百二十五里 安福二百四十二里 龍泉六十七里 萬安九十[illegible]里

承新一百八十四里　永寧四十二里

瑞州府領縣三附郭縣一高安二百八十六里　外上高一百六十七里　新

昌一百二十三里

贛州府領縣十一附郭縣一贛縣一百九里　外雩都十五里　信豐

七里　興國五十七里　會昌六里　安遠五里　寧都一百十七里　瑞金八里　龍南

五里　石城九里　定南四里

南安府領縣四附郭縣一大庾十里　外南康三十一里　上猶七里

崇義七八里

袁州府領縣四附郭縣一宜春一百四十八里　外分宜一百九里　萍鄉

一百三十里　萬載一百四里

後湖志　五　六一

山東圖
萊州府
登州府
青州府
東抵海
東南抵海

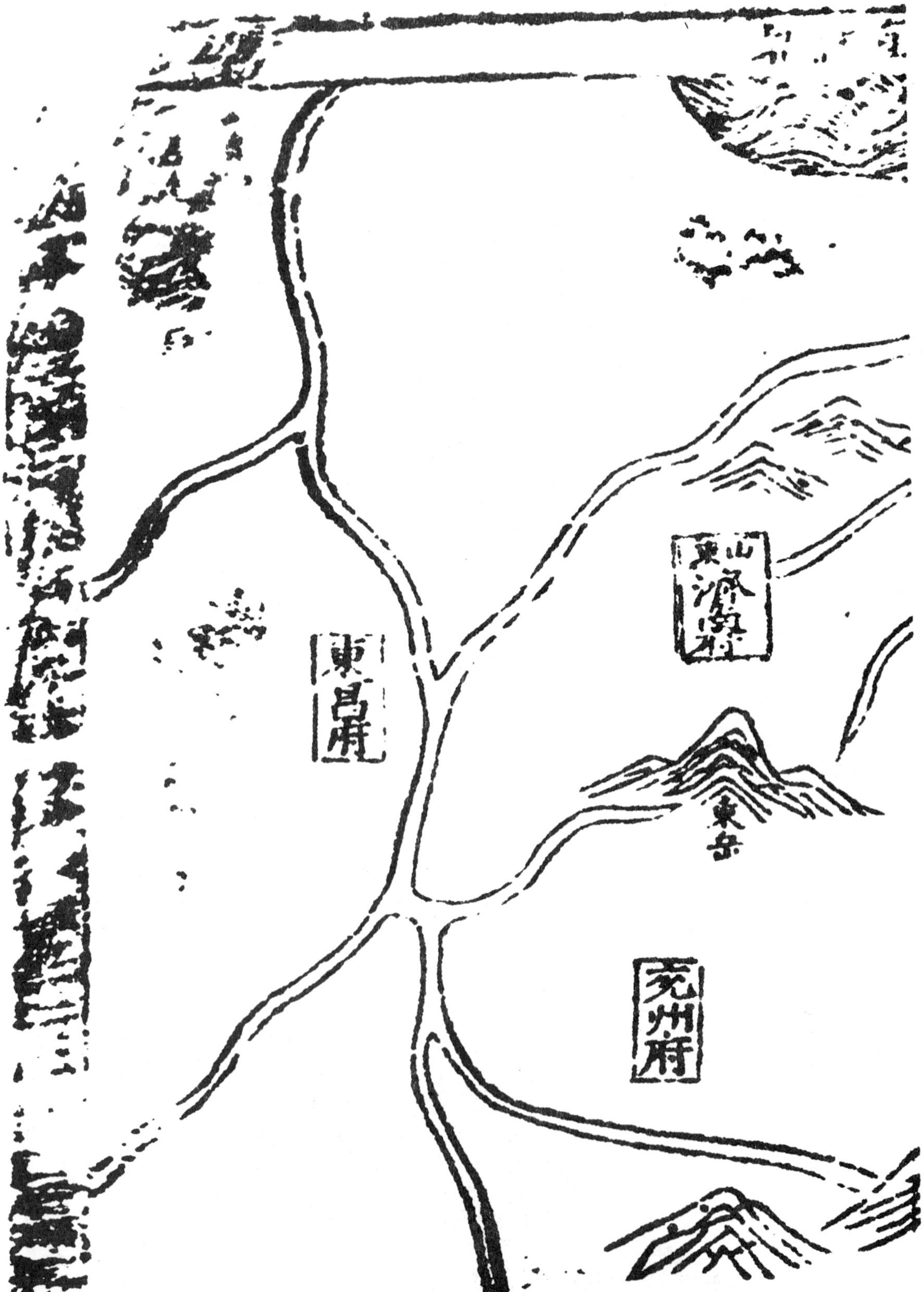
山東濟南府
東昌府
東岳
兖州府

山東布政司領府六州十五縣八十九

濟南府領州四縣二十六附郭縣一歷城八十九里外章丘

鄒平三十七里淄川五十七里長山三十六里新城四十五里齊河二十七里齊

東五十五里濟陽四十四里禹城五十六里臨邑二十二里長清四十四里肥城十二

二十五里青城二十二里陵縣二十一里泰安州九十七里屬縣二新泰二十二里

今屬縣併作五里萊蕪四十五里德州三十四里屬縣二德平四十一里平原四十六里

武定州九十八里屬縣四陽信四十一里海豐四十一里樂陵五十六里商河

六十八里濱州七十八里屬縣三利津四十里霑化二十一里蒲臺五十九里

兗州府領州四縣二十三附郭縣一滋陽二十四里外曲阜十六

里寧陽三十三里鄒縣三十三里泗水十五里滕縣八十七里嶧縣三十六里

金鄉一十二里魚臺二十七里單縣四十二里城武二十三里曹州七十四里屬縣二曹縣四十八里定陶十九里濟寧州五十四里屬縣三嘉祥四十四里鉅野三十五里鄆城二十四里東平州三十三里屬縣五汶上四十八里東阿二十二里平陰十七里陽穀三十九里壽張十五里沂州八十九里屬縣二郯城四十五里費縣四十二里

東昌府領州三縣十五附郭縣一聊城二十四里外堂邑十七里博平十八里茌平二十里清平十二里莘縣十八里冠縣二十七里臨清州一十四里屬縣二丘縣二十七里館陶二十七里高唐州四十里屬縣三恩縣三十七里夏津三十一里武城二十一里濮州三十六里屬縣三范縣十二里觀城一十里朝城二十里

州府領州一縣十二附郭縣一益都十一百七十五里外[illegible]

八十里博興一百二十里高苑八十里樂安九十三里壽光一百三十二里昌樂城

七十里臨朐一百二十里安丘十一百四十七里諸城十一百六十里蒙陰九十四里莒

州一百七十里屬縣二沂水一百四十四里日照二百八十一里

登州府領州一縣七附郭縣一蓬萊六里外黃縣四十八里福

山九十二里棲霞一百二十四里招遠一百四十八里萊陽一百四十一里寧海州八十里

屬縣一文登六十九里

萊州府領州二縣五附郭縣一掖縣八十里膠州九十三

二百八十里高密八十里即墨五十八里平度州屬縣二濰縣八十

六十里昌邑九十四里

山西圖
大同府
沁州
澤州
南

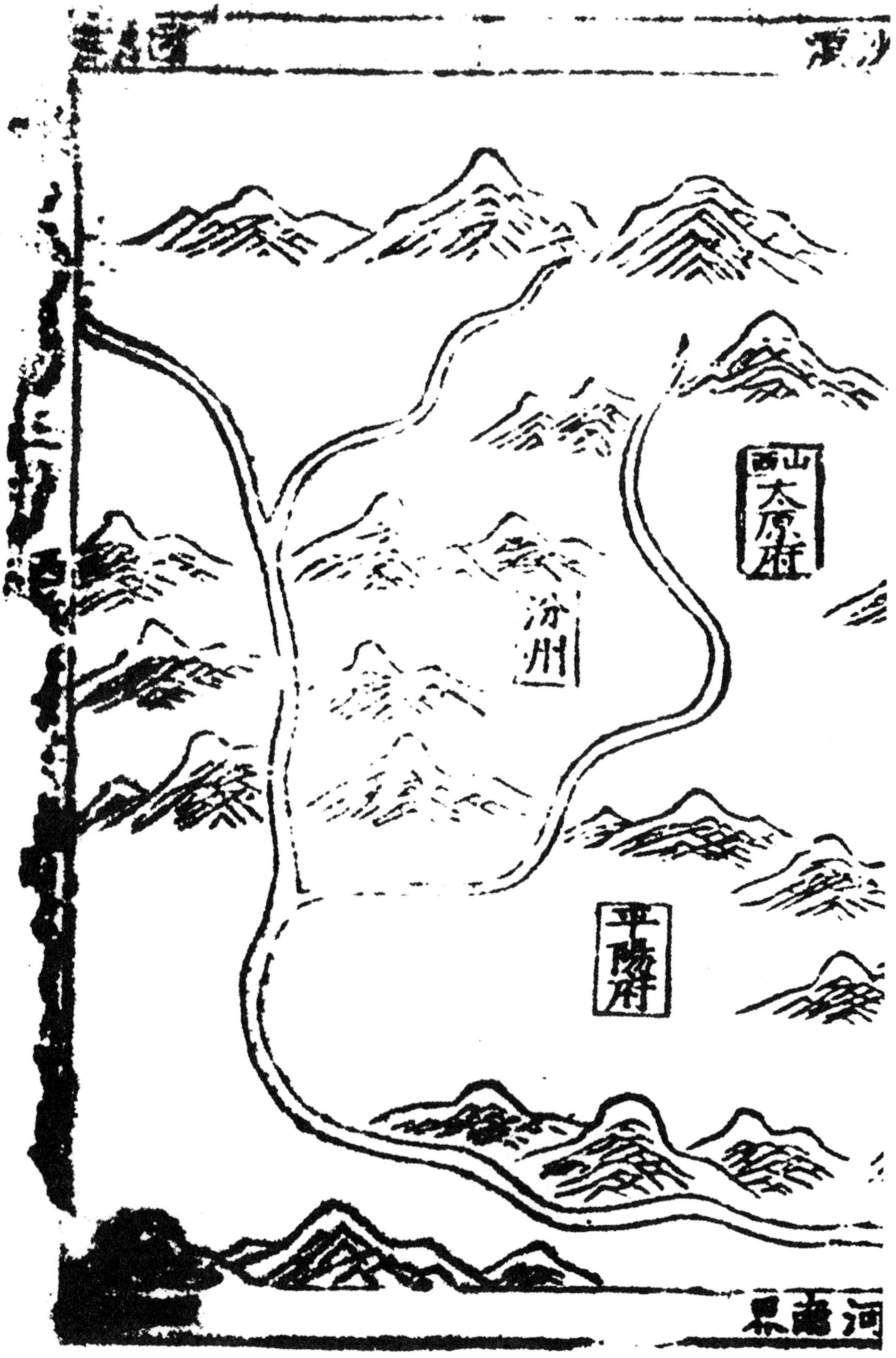
山西太原府
汾州
平陽府
河南界

山西布政司領府四州二十內直隸州四縣七十七

太原府領州六縣二十二附郭縣一陽曲一百十五里外太原十

里榆次九十五里太谷七十九里祁縣四十五里徐溝十九里清源二十八里

交城四十三里文水七十九里壽陽二十六里臨縣十七里盂縣二十三里靜

樂十里河曲七里平定州二十三里屬縣一樂平十一里忻州五十四里屬

縣一定襄十里代州四十一里屬縣三五臺十一里繁峙五十九山里

崞縣三十八里岢嵐州十一里屬縣二嵐縣十里興縣九里永寧州

四十一里屬縣一寧鄉十三里保德州五里

平陽府領州六縣二十九附郭縣一臨汾一百四十四里外襄陵

七十二里洪洞八十九里浮山十九里趙城三十五里太平五十一里岳陽八十

里曲沃六十八里翼城八十四里汾西十四里蒲縣八十四里隰州八十四里屬
縣五臨晉九十五里榮河二十五里猗氏四十五里萬泉三十一里河津三十
六里解州三十里屬縣五安邑五十九里夏縣六十六里聞喜六十六里平
陸三十七里芮城四十里絳州五十二里屬縣三稷山四十二里絳縣三十二
里垣曲二十四里霍州二十里屬縣一靈石十八里吉州十四里屬縣
一鄉寧十里隰州二十七里屬縣三大寧十里石樓十三里永和十
大同府領州四縣七附郭縣一大同二十六里外懷仁八里應州
二十里屬縣一山陰七里朔州六里屬縣一馬邑四里蔚州十五
里屬縣三廣靈九里廣昌四里靈丘十里渾源州十四
潞安府領縣八附郭縣一長治一百七十七里壯長子九十三里屯留

五十里 襄垣六十一里 潞城八十里 壺關八十五里 黎城三十七里 平順三十

一里

汾州九十五里 領縣三 孝義二十八里 平遙五十七里 介休四十四里

遼州三十里 領縣二 榆社三十里 和順二十里

沁州四十六里 領縣二 沁源五十里 武鄉三十六里

澤州一百七十一里 領縣四 陽城九十九里 陵川八十里 沁水五十四里 高平

一百六十一里

後湖志　入山　[illegible]

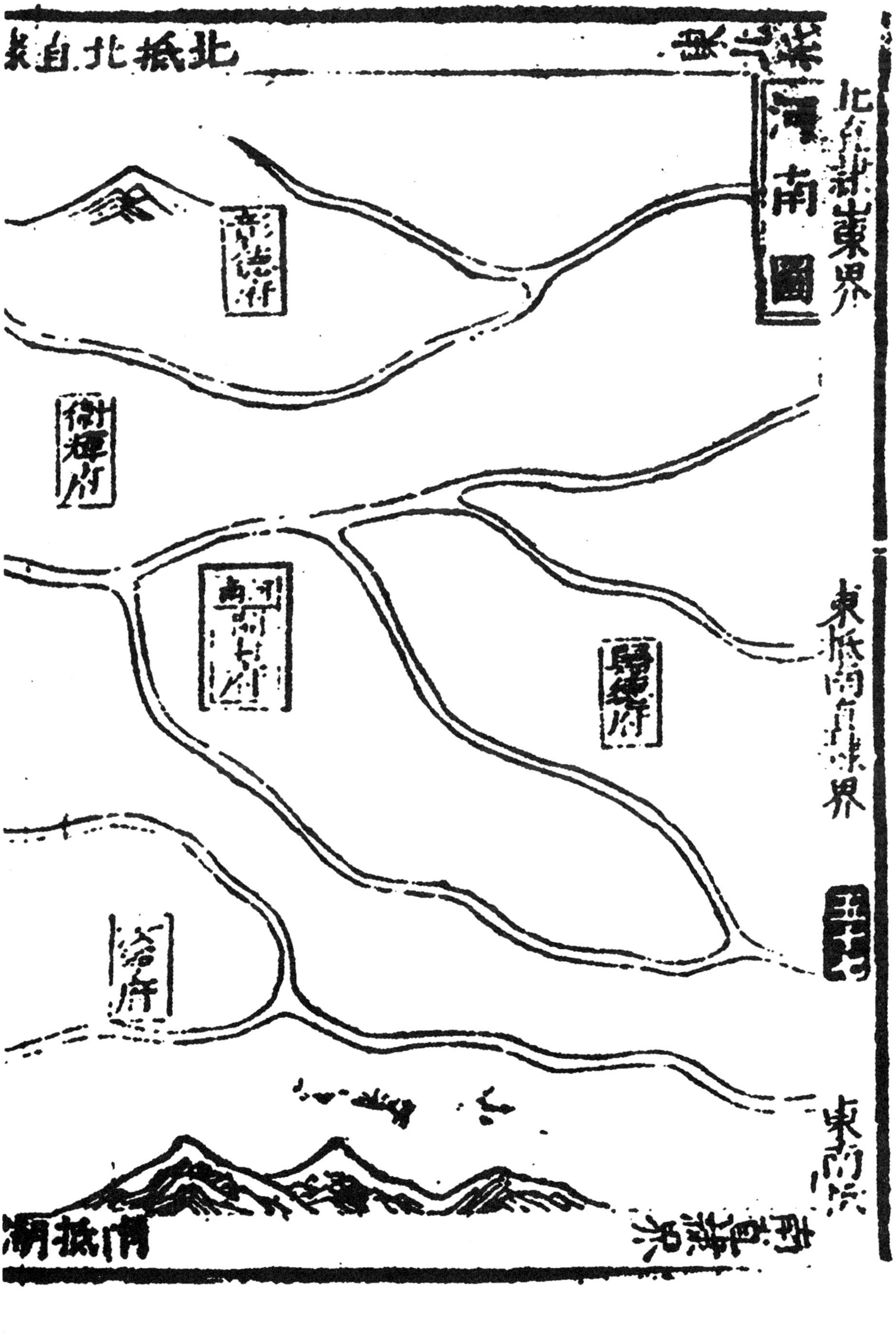
河南圖
北抵北直隸
南抵湖廣
彰德府
衛輝府
歸德府
東抵南直隸界

河南布政司領府八州十二州一縣九十六

開封府領州四縣三十附郭縣一祥符一百四十四里外陳留二十九里杞縣八十三里封丘二十六里延津八里尉氏二十里洧川十七里鄢陵二十六里扶溝二十里中牟二十六里通許十二里太康三十五里陽武四十五里蘭陽二十九里儀封十里原武十四里陳州四十三里屬縣四商水十二里西華二十二里項城十五里沈丘十三里許州四十八里屬縣四臨潁十八里襄城五十二里郾城二十二里長葛二十二里鈞州十六里屬縣二新鄭十九里密縣二十三里鄭州三十三里屬縣四滎陽四十四里滎澤十里河陰八里汜水十里

歸德府領州一縣八附郭縣一商丘二十七里外寧陵七里鹿邑

後湖志

三十四里夏邑十三里永城二十三里虞城十四里睢州四十里屬縣二

考城十一里柘城九里

河南府領州一縣十三附郭縣一洛陽八十六里外偃師二十六里

鞏縣二十二里孟津十八里宜陽四十八里登封三十五里永寧六十五里新

安一里澠池二十五里嵩縣五十九里盧氏四十里陝州三十里屬縣二閿鄉十二

里靈寶四十六里

南陽府領州二縣十一附郭縣一南陽二十一里外鎮平七里唐

縣九十里泌陽十七里桐柏十四里南召九里鄧州二十一里屬縣三內

鄉十六里新野十六里淅川十四里裕州三十二里屬縣二舞陽十四

里葉縣二十九里

西平二十里 上蔡二十里 遂平二十八里 真陽十五里 確山…

陽州十七里 屬縣一 羅山十一里 光州二十一里 屬縣四 光山十…

固始四十九里 息縣十八里 商城六里

彰德府領州一 縣六 附郭縣一 安陽八十里 外湯陰十二里 臨

漳三十九里 林縣三十五里 磁州一四十里 屬縣二 武安三十四里 涉縣十八

里

衛輝府領縣六 附郭縣一 汲縣四十里 外胙城十九里 新鄉十三

四里 獲嘉八十里 淇縣二十里 輝縣三十里

懷慶府領縣六 附郭縣一 河内八十里 外濟源七十里 修武廿

大名府

九里武陟五十一里孟縣二十四里溫縣二十里

汝州五十四里屬縣四魯山四十里郟縣四十五里寶豐三十八里伊陽三十[illegible]

里

延安府
慶陽府

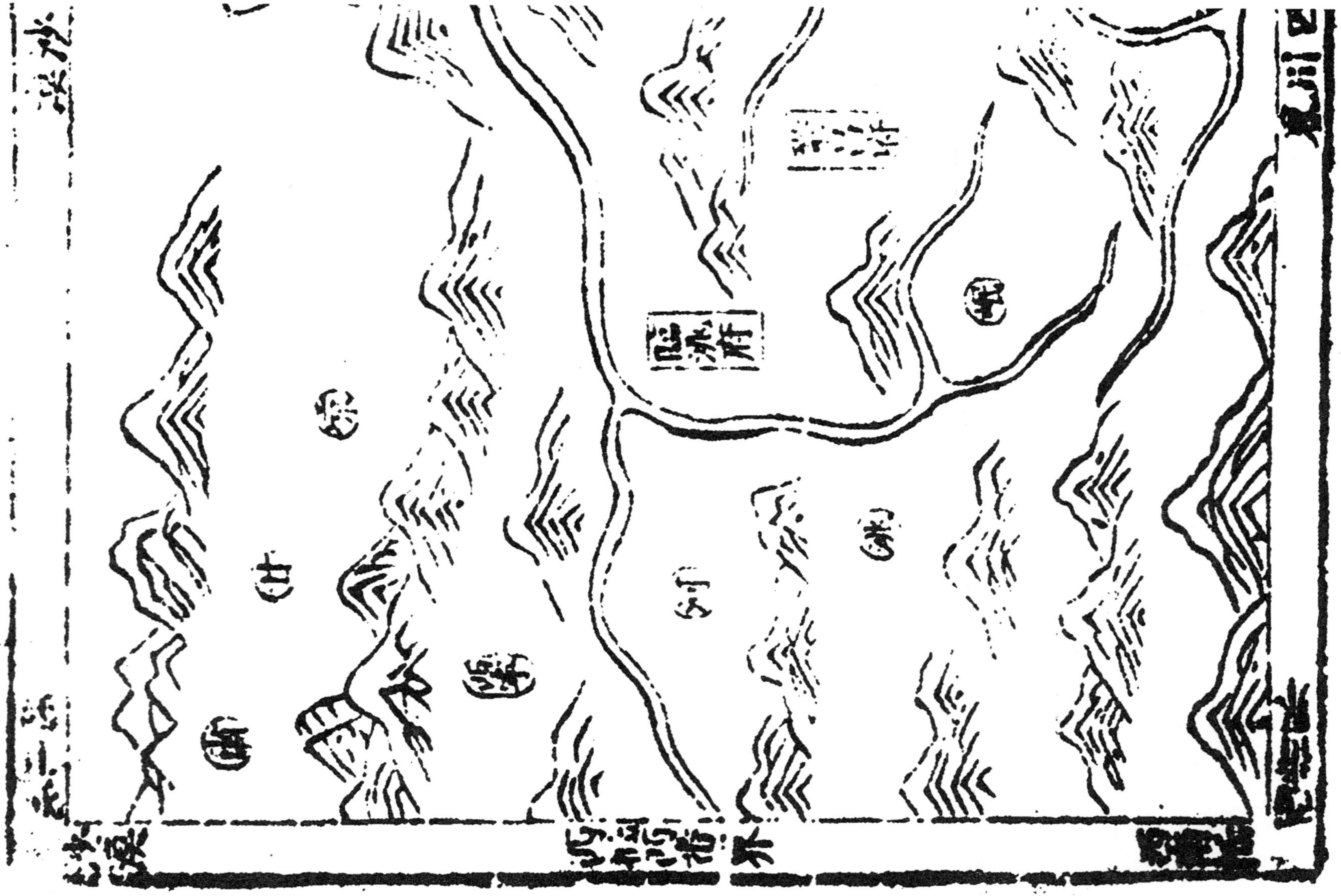
臨汾府

陝西布政司領州八州二十一縣九十五衛四千戶所一

西安府領州六縣三十附郭縣二長安四十九里咸寧六十六里外

咸陽十里興平十五里臨潼四十里高陵十五里鄠縣二十三里藍田

二十里涇陽四十四里盩厔四十里三原三十里醴泉十八里渭南五十

六里商州二十六里屬縣四鎮安十七里洛南二十一里山陽二十里商

南十二里同州三十四里屬縣五朝邑六十五里郃陽四十四里澄城四十

里白水二十里韓城三十六里華州四十里屬縣二華陰三十里蒲

城五十五里耀州十四里屬縣二同官十三里富平四十里乾州十二

七里屬縣二武功十五里永壽十里邠州二十七里屬縣二淳化十八

里三水十二里

鳳翔府領州一縣七附郭縣一鳳翔三十九里外岐山二十九里寶雞四十九里扶風二十九里郿縣十八里麟遊十六里隴州二十八里屬縣一汧陽十六里

漢中府領州二縣十四附郭縣一南鄭二十里外褒城七里城固二十三里洋縣三十六里西鄉十六里鳳縣九里寧羌州四里屬縣二略陽四里沔縣五里金州二十二里屬縣六平利八里石泉八里洵陽十七里漢陰十七里白河八里紫陽五里

平凉府領州三縣七附郭縣一平凉二十三里外崇信四里華亭八里鎮原二十里隆德五里莊浪七里涇州十七里屬縣一靈臺十二里靜寧州四十里固原州十里

鞏昌府領州三縣十四附郭縣一隴西三十里外安定二十里
會寧十二里通渭十六里漳縣十里寧遠十四里伏羌十里西和
八里成縣九里秦州三十一里領縣三秦安七里清水八里禮縣十九里
階州十二里屬縣一文縣二里徽州十八里屬縣一兩當九里
臨洮府領州二縣三附郭縣一狄道三十里外渭源六里蘭州
六里屬縣一金縣九里河州二十一里
慶陽府領州一縣四附郭縣一安化三十里外合水十八里環
縣五里寧州四十八里屬縣一真寧三十里
延安府領州三縣十六附郭縣一膚施七十里外安塞十里
甘泉十里安定九里保安八里宜川二十四里延川十里延長十一里

清澗九里鄜州九十一里屬縣二洛川六十里中部四十里宜君三十

八里綏德州七里屬縣一米脂六里葭州七里屬縣三吳堡三里神

木九里府谷六里

寧夏衛指揮使司經歷司四里

西寧衛軍民指揮使司四里

洮州衛軍民指揮使司二里

岷州衛經歷司十七里西固城軍民千戶所四里

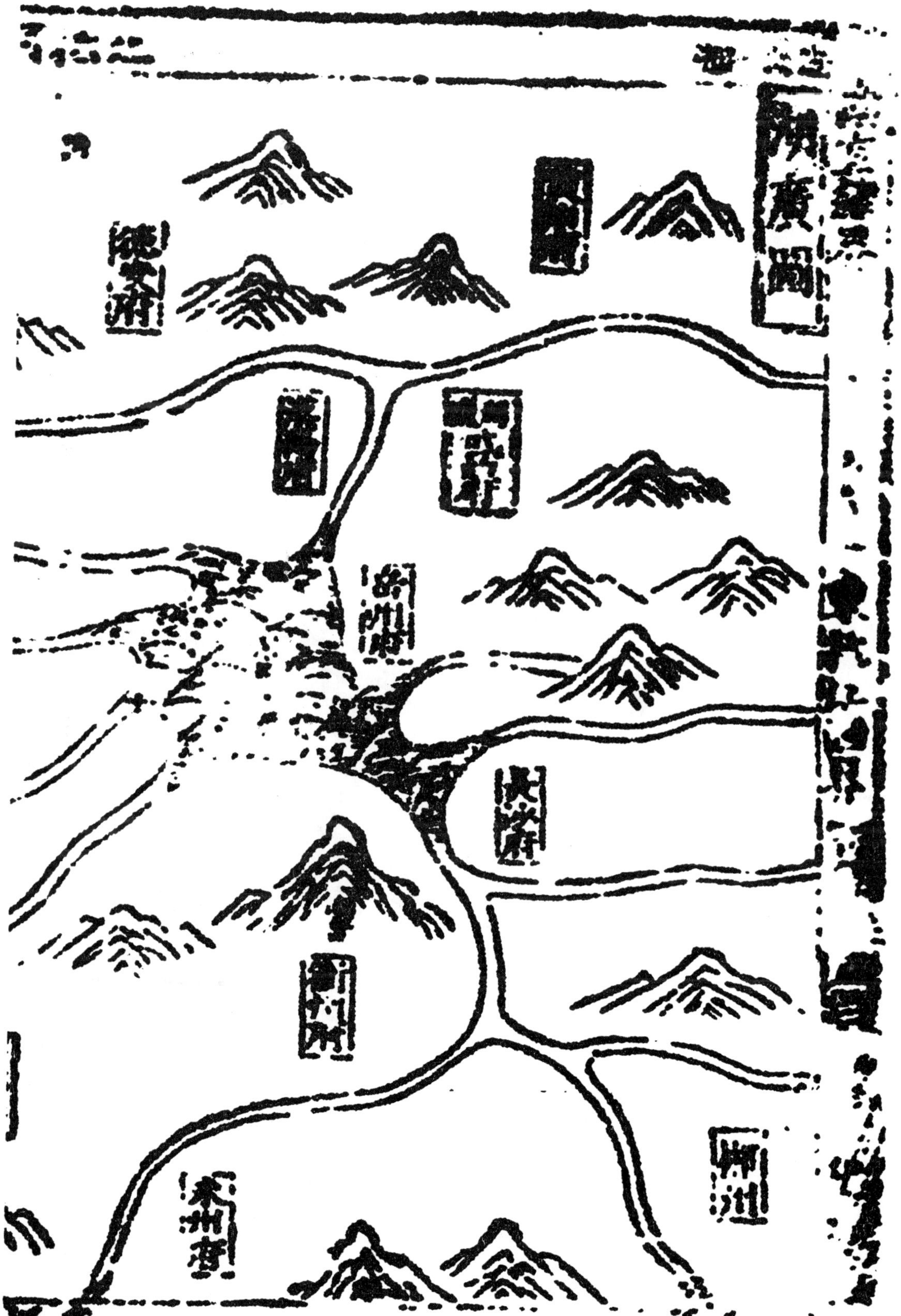
湖廣圖
德安府
武昌府
岳州府
衡州府
永州府
郴州

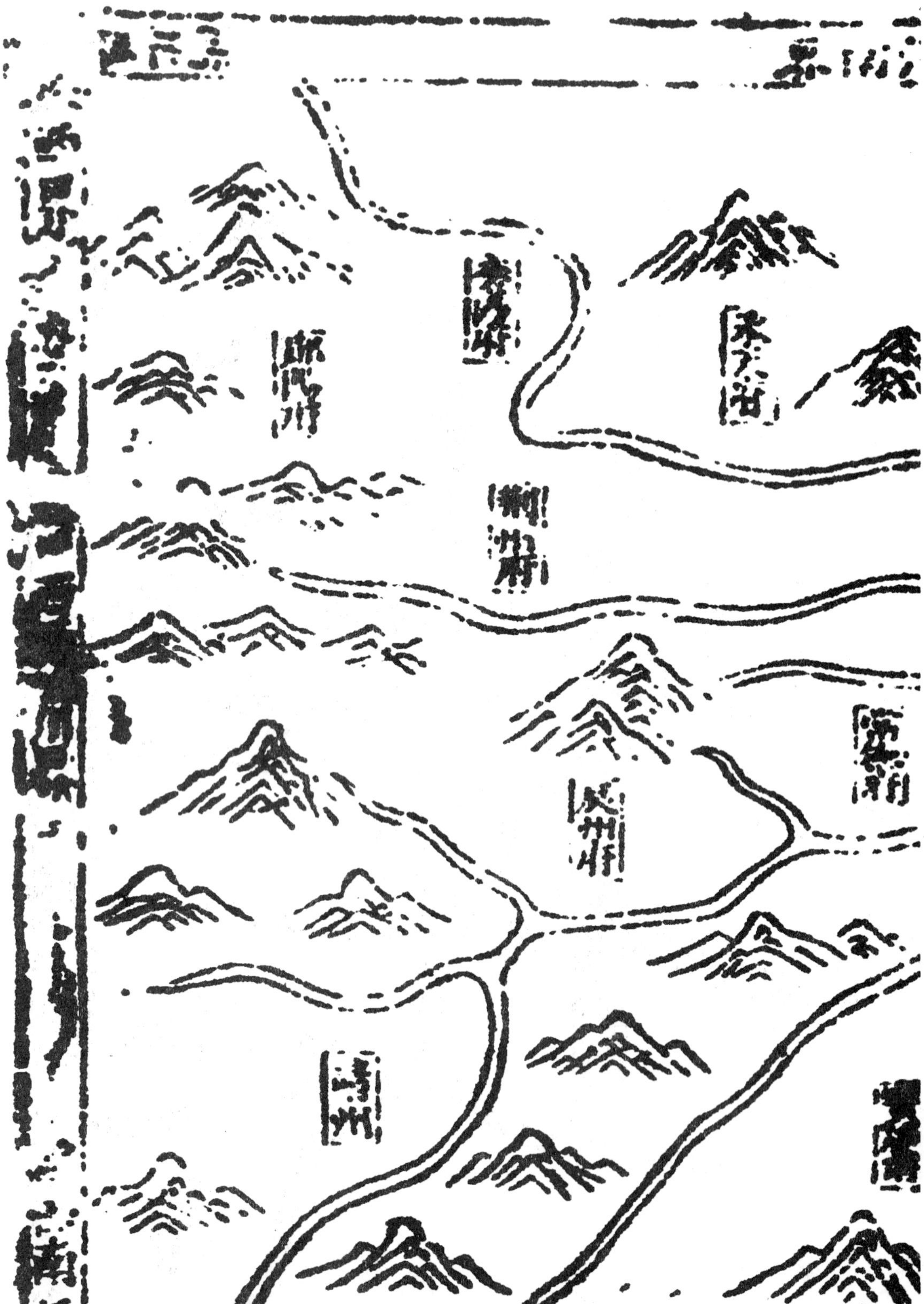
靖州

湖廣布政司領府十五

州十六（內直隸州二）縣一百七 長官司二

宣慰司二 宣撫司三 安撫司五

衛一 巡檢司一

武昌府領州一縣九（附郭縣一）江夏（六十二里）外武昌（三十七里）嘉魚（十二里）蒲圻（三十里）咸寧（十八里）崇陽（十一里）通城（十五里）興國州（四十里）屬縣二 大冶（二十五里）通山（六里）

漢陽府領縣二附郭縣一 漢陽（十九里）外漢川（八里）

黃州府領州一縣八附郭縣一 黃岡（八十四里）外蘄水（八十五里）羅田（二十五里）麻城（七十四里）黃陂（四十八里）黃安（四十里）蘄州（三十一里）屬縣

二廣濟（三十里）黃梅（二百十里）
承天府領州二縣五附郭縣一鍾祥（二十里）外京山（三十里）潛
江（三百十里）沔陽州（三百里）屬縣一景陵（二十五里）荊門州（五十九里）屬
縣一當陽（里）
德安府領州一縣五附郭縣一安陸（十里）外雲夢（六十里）孝感（十二
應城（九十里）隨州（里）屬縣一應山（十一里）
荊州府領州二縣十一附郭縣一江陵（三百里）外公安（三
百二里）石首（一百十里）監利（三百里）松滋（里）枝江（二里）夷陵州（十一里）
屬縣三長陽（九里）宜都（九里）遠安（八里）歸州（五里）屬縣二興山（五里）
巴東（十里）

岳州府領州一縣七附郭縣一巴陵九十里外臨湘
十八里平江三十四里澧州三十八里屬縣二石門二十四里慈利八里
安鄉十一里
鄖陽府領縣七附郭縣一鄖縣十里外房縣十五里竹山二
上津八里竹溪九里鄖西九里保康六里
襄陽府領州一縣六附郭縣一襄陽三十五里外宜城十六里南
漳二十九里棗陽三十里光化十里穀城二十七里均州二十五里
辰州府領州一縣六附郭縣一沅陵五十八里外盧溪十二里辰
溪八里溆浦三十四里沅州二十六里屬縣二黔陽二十一里麻陽七里大
剌巡檢司一里

湖廣 六十三 四里

常德府領縣四附郭縣一武陵四十五里外桃源六十三里龍陽六十三
里沅江七十里

衡州府領州一縣八附郭縣一衡陽五十四里外衡山七十里耒
陽十六里常寧二十里安仁八里酃縣十一里桂陽州四十八里屬縣二
臨武二十里藍山十里

永州府領州一縣六附郭縣一零陵二十五里外祁陽十四里東
安八里道州二里寧遠十一里永明四里江華五里

長沙府領州一縣十一附郭縣一長沙十一里善化十六里外
湘潭十二里湘陰十二里寧鄉十里瀏陽五里醴陵十五里益
陽十二里湘鄉六十里攸縣十里安化八里茶陵州三十里

寶慶府領州一縣四附郭縣一邵陽四十二里 外新化二十二里 城步十里 武岡州三十里 屬縣一新寧七里

郴州十三里 屬縣五永興十五里 宜章八里 興寧十四里 桂陽七里 桂東五里

靖州十九里 屬縣三會同二十八里 通道五里 綏寧二十七里

施州衛軍民指揮使司三里

施南宣撫司一里 高羅安撫司一里 散毛宣撫司三里 金岡宣撫司一里 唐崖長官司一里 東鄉五路安撫司一里 大旺安撫司一里 忠路安撫司一里

保靖州軍民宣慰使司一里

五寨蠻夷長官司 里五　筸子坪長官司 里二

永順軍民宣慰使司 里二

九谿衛桑植安撫司 里二

北抵浙
福建圖
廣界
福寧州
建寧府
福州府
興化府
泉州府
東抵湖廣界
琉球

江西界
邵武府
延平府
汀州府
漳州府

福建布政司領府八州一縣五十八指揮司一

福州府領縣十附郭縣三閩縣一百一里　侯官六十八里　懷安四十六里　外古田八十里　閩清十七里　長樂八十里　連江四十里　羅源十六里　永福七十里　福清百三十里

泉州府領縣七附郭縣一晉江一百五十里　外南安八十四里　惠安二十里　德化八里　安溪　同安二十五里　永春三十四里

建寧府領縣八附郭縣二建安一百一里　甌寧九十四里　外建陽七十里　崇安八十里　浦城一百八十里　政和四十里　松溪六十里　壽寧二十里

延平府領縣七附郭縣一南平九十九里　外將樂七十里　沙縣百一

彼湖大

四十里尤溪 六十里 順昌 八十五里 永安 六十里 大田 二百里

汀州府領縣八附郭縣一長汀 六十里 外寧化 五十里 上杭 四十里

武平 里 清流 六十里 連城 六十里 歸化 四十里 永定 十九里

興化府領縣二附郭縣一莆田 十六里 外仙遊 四十里

邵武府領縣四附郭縣一邵武 十七里 外光澤 二十六里 泰寧

二十里 建寧 十七里

漳州府領縣十附郭縣一龍溪 十三里 外漳浦 十一里 龍巖 十四里

十七里 南靖 十七里 長泰 里 漳平 四里 平和 詔安 二十里

寧洋 十里 海澄 十里

寧州 五十七里 領縣二福安 四十六里 寧德 九十里

都轉運鹽使司領場七海口場[illegible]上里場[illegible]里牛田場

海晏場[illegible]里汫州場[illegible]湖州場[illegible]里惠安場[illegible]里

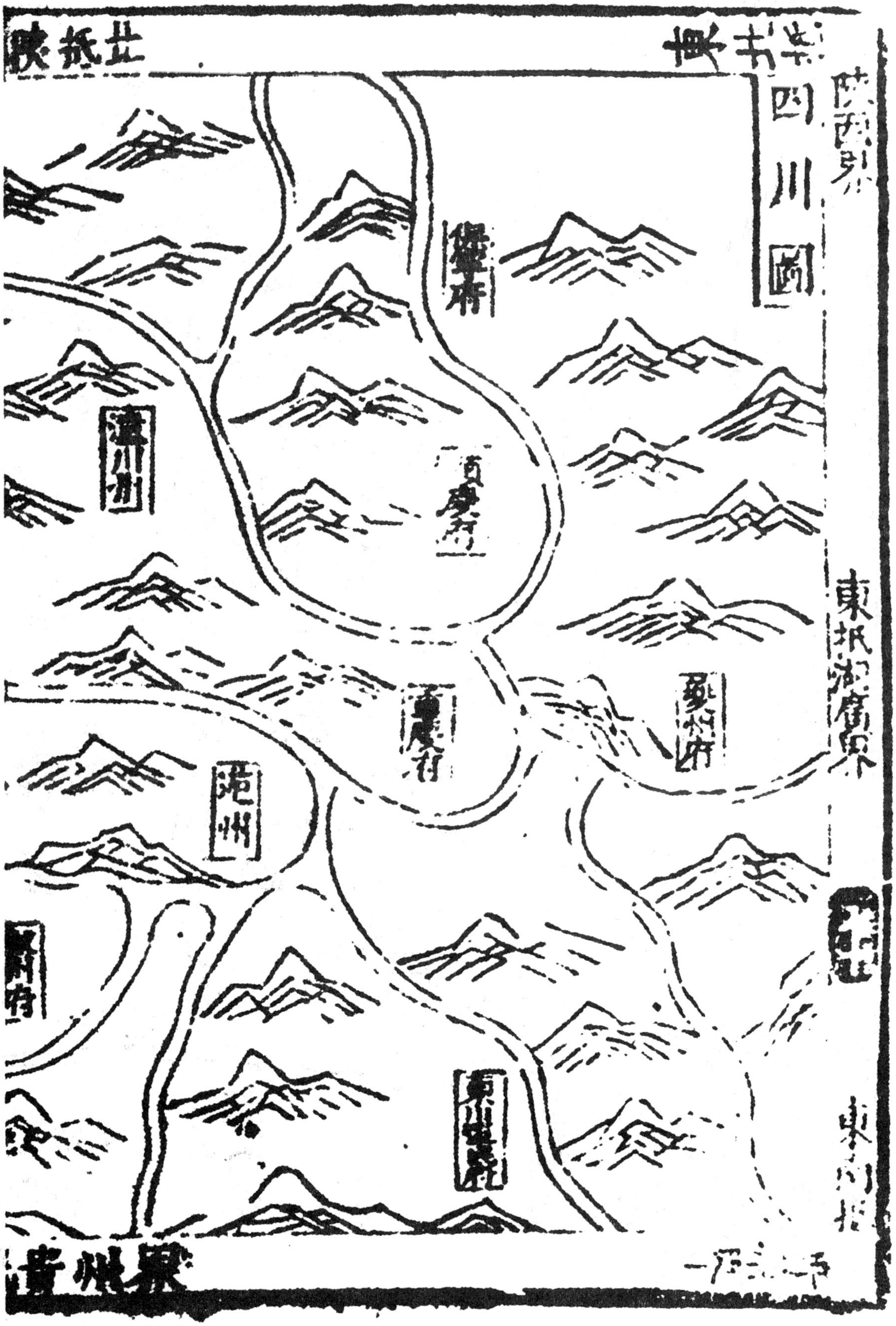
四川圖
陝西界
東抵湖廣界
夔州府
潼川州
瀘州
貴州界

西番界
西抵西番界
邛州
眉州
雅州
嘉定州
馬湖府

四川布政司領府八

軍民府四　州二十七府直隸州六　縣一百八

衛七　長官司二十三　宣慰司一

宣撫司三　安撫司三　招討司一

千戶所一　巡檢司一

成都府領州六縣二十五　附郭縣二　成都里十四　華陽里十一

外雙流里十　溫江里十　新繁里四　金堂里十八　仁壽里二十　新都里十　井

研里四　郫縣里八　灌縣里十七　資縣里十四　彭縣里十六　安縣里八　內江里十八

崇寧里四　資陽里十七　崇慶州里十二　屬縣一　新津里十　漢州里九　屬

縣三　什邡里四　綿竹里十七　德陽里六　綿州里十七　屬縣二　彰明里四　羅

後湖志　四川　上　四百

江四里簡州十里威州一里屬縣一保縣六里茂州七里屬縣一汶川一里疊溪長官司三里靜州長官司一里隴木頭長官司一里岳溪蓬長官司一里

保寧府領州二縣八附郭縣一閬中十一里外蒼溪六里南部十里廣元三里昭化一里巴州十一里屬縣二通江七里南江四里劍州十里屬縣一梓潼一里

順慶府領州二縣八附郭縣一南充十里外西充八里蓬州八里屬縣二營山十一里儀隴八里廣安州二十里屬縣四渠縣十一里大竹十四里岳池十四里鄰水八里

敘州府領縣十一州一宜賓十里外慶符六里富順七十里

十里 南溪十九里 長寧十七里 高縣十七里 筠連七里 珙縣九里 戎縣
九里 隆昌 興文里 [redacted]
重慶府領州二縣十七附郭縣一巴縣八十里 外江津三十八里
長壽七十里 安居 大足二十里 永川二十五里 榮昌二十里 璧山十里
十里 綦江五里 南川八里 黔江二十里 合州四十七里 屬縣二 銅梁十八里
定遠十里 忠州四十里 屬縣二 酆都四十里 墊江十里 涪州十三
屬縣二 武隆四里 彭水七里
夔州府領州一縣十二附郭縣一奉節 外巫山四里 大昌
二十里 雲陽九里 大寧三里 萬縣五十里 開縣七十里 建始二十里 梁山二十里 新
寧七里 達州八里 屬縣二 東鄉四里 太平一里

馬湖府(一里)領長官司四 泥溪長官司(五里) 平夷長官司(三里) 沐川長官司(八里) 蠻夷長官司(一里) 寧戎巡檢司(一里)

龍安府(十一里)領縣二 石泉(二里) 江油(二里)

潼川州(四里)領縣七 射洪(四里) 鹽亭(三里) 中江(五里) 遂寧(十七里) 蓬溪(六里) 安岳(十里) 樂至(六里)

嘉定州(十里)領縣六 峨眉(六里) 洪雅(六里) 夾江(九里) 犍為(十里) 榮縣(七里) 威遠(四里)

眉州(二十里)領縣三 彭山(五里) 丹稜(五里) 青神(四里)

瀘州(六十九里)領縣三 納溪(四里) 合江(七里) 江安(十七里)

邛州(十一里)領縣二 大邑(七里) 蒲江(二里)

雅州四里領縣三名山三里滎經二里蘆山三里

東川軍民府

烏蒙軍民府二里

烏撒軍民府二里

芒部軍民府

會川衛軍民指揮使司領州七縣一黎谿州二里永昌州三里

會理州二里通安州二里武安州三里隆州三里姜州二里麻龍縣

一里

建昌衛軍民指揮司十三里領長官司三昌州長官司三里普

濟長官司一里威龍長官司一里

行志　四川　七十三

鹽井衛軍民指揮司二十三里領長官司一馬剌長官司二里

松潘軍民指揮司一里

重慶衛石柱宣撫司三里

寧番衛軍民指揮使司四里

天全六番招討司十里

播州宣慰使司十七里領長官司六容山長官司一里餘慶長官司一里白泥長官司一里播州長官司四十三里真州長官司四里重安長官司一里安撫司二黃平安撫司二里草塘安撫司一里

酉陽宣撫司十一里

永寧宣撫司里 領九姓長官司里一

黎州安撫司里一

驛溪守禦千戶所里一 領驛溪長官司里一 辦郎長官司里一

邑梅洞長官司里一

平茶洞長官司里一

地[illegible]衙功部長官司

廣東圖
南雄府
韶州府
廣州府
惠州府
潮州府
東海大洋

西抵廣西界
肇慶府
高州府
廉州府
雷州府
瓊州府

廣東布政司領府十州七縣七十四監課提舉司一

廣州府領州一縣十五附郭縣二南海三百二十里番禺一百六十一里

外順德一百五十九里東莞一百八十三里香山四十里增城八十三里新安

一百四十一里清遠十一里從化十八里新寧六十里龍門十一里三水

五十四里新安　連州二十一里屬縣二連山十八里陽山八里

韶州府領縣六附郭縣一曲江四十三里外樂昌十二里仁化六里

乳源六里翁源十一里英德二十二里

南雄府領縣二附郭縣一保昌四十四里外始興七里

惠州府領縣十附郭縣一歸善四十五里外博羅五十一里海豐二十

長寧九里河源八里龍川七里長樂十一里興寧七里和平四里

永安一里

潮州府領縣十附郭縣一海陽二百里 外潮陽一百三十里 揭陽

八十六里 程鄉五十里 饒平一百十里 大埔四十三里 惠來三十里 平遠

十二里 澄海九十四里 普寧一百三十里

肇慶府領州一縣十一附郭縣一高要 外四會三十八里

新興一百十六里 陽春十里 陽江九十里 高明三十五里 恩平二十二里 廣寧

十一里 德慶州六十里 屬縣三 瀧水十里 封川九十里 開建四里

高州府領州一縣五附郭縣一茂名八十四里 外電白二十里 信

宜八里 化州二十三里 屬縣二 吳川十五里 石城二里

廉州府領州一縣二附郭縣一合浦三十里 外欽州

一靈山二十六里

雷州府領縣三附郭縣一海康一百一十里一遂溪三十一里一徐聞三十

里

瓊州府領州三縣十附郭縣一瓊山一百七里一外澄邁四十八里一定

安二十六里一文昌三十八里一會同七里一樂會十一里一臨高五十二里一崖州二十

一里屬縣一感恩六里一儋州三十二里屬縣一昌化六里一萬州三十四里

屬縣一陵水九里

鹽課提舉司十八里

海北鹽課提舉司十五里

震湖志　廣東　丰

廣西圖
東抵湖廣界
平樂府
梧州府
東南抵

廣西布政司領府十二

軍民府一　州四十六　縣四十二

長官司二　巡檢司一

桂林府領州二縣七附郭縣一臨桂一百十八里　外興安二十三里　靈川五十里　陽朔十二里　永福十里　義寧十二里　全州二十七里　屬縣一　灌陽六十里　永寧州十里

平樂府領州一縣六附郭縣一平樂七里　外恭城二里　富川十里　賀縣二十一里　荔浦三里　脩仁二里　永安州五里

梧州府領州一縣九附郭縣一蒼梧二十六里　外藤縣三十八里　容縣十一里　岑溪七里　懷集五里　鬱林州四十里　屬縣四　博白三十三里

各湖

表

壯流里十六　陸川里十五　興業里七

南寧府領州三縣四附郭縣一宣化里三十八　外武緣里十五　隆

安里十　橫州里十四　屬縣一永淳里六　上思州里二　新寧州里四

柳州府領州二縣十附郭縣一馬平里七　外洛容里五　羅城里十六

里柳城里十二　懷遠里八　融縣里十　來賓里九　象州里十　屬縣一

武宣里十　賓州里十八　屬縣二遷江里二　上林里十一

潯州府領州一縣三附郭縣一貴平里二十　外平南里三十　貴

縣六十里　武靖州[illegible]里一　土

太平府領州十七縣四恩城州里二　茗盈州里一　安平州里五　恩

同州里一　養利州里二　萬承州里二　鎮遠州里一　全茗州里一　結安

州一里 龍英州一里 大十州四里 結倫州一里 都結州一里 上下凍■

州一里 左州四里 思陵州二里 歸德州一里 崇善縣六里 陀陵縣四里

羅陽縣一里 永康縣一里

慶遠府 領州四 縣五 長官司二 附郭縣一 宜山八十二里 外天

河十七里 忻城一里 河池州一里■ ■縣二里 思恩二十一里 荔波十六里

里 南丹州十九里 那地州二里 東蘭州十一里 永順長官司三里

永定長官司四里

刀州府三十二里 屬州一 歸順州一里

思明府一里 屬州八 思明州一里■ 果化州一里 上石西州一里■ 忠■

一里■ 下石西州一里 憑祥州一里■

後湖志

…治　八　　　　[redacted]府……人

鎮安府二里

思恩軍民府二里　巡檢司九里

龍州十一里

向武州　屬縣一　富勞一里

奉議州一里

田州　上林縣一里

都康州

江州一里　屬縣一　羅白一里　知

思城州[redacted]一里

利州一里[redacted]　　上隆州一里

貴州界
雲南圖
雲南府
澂江府
臨安府
楚雄府
廣西府
廣南府

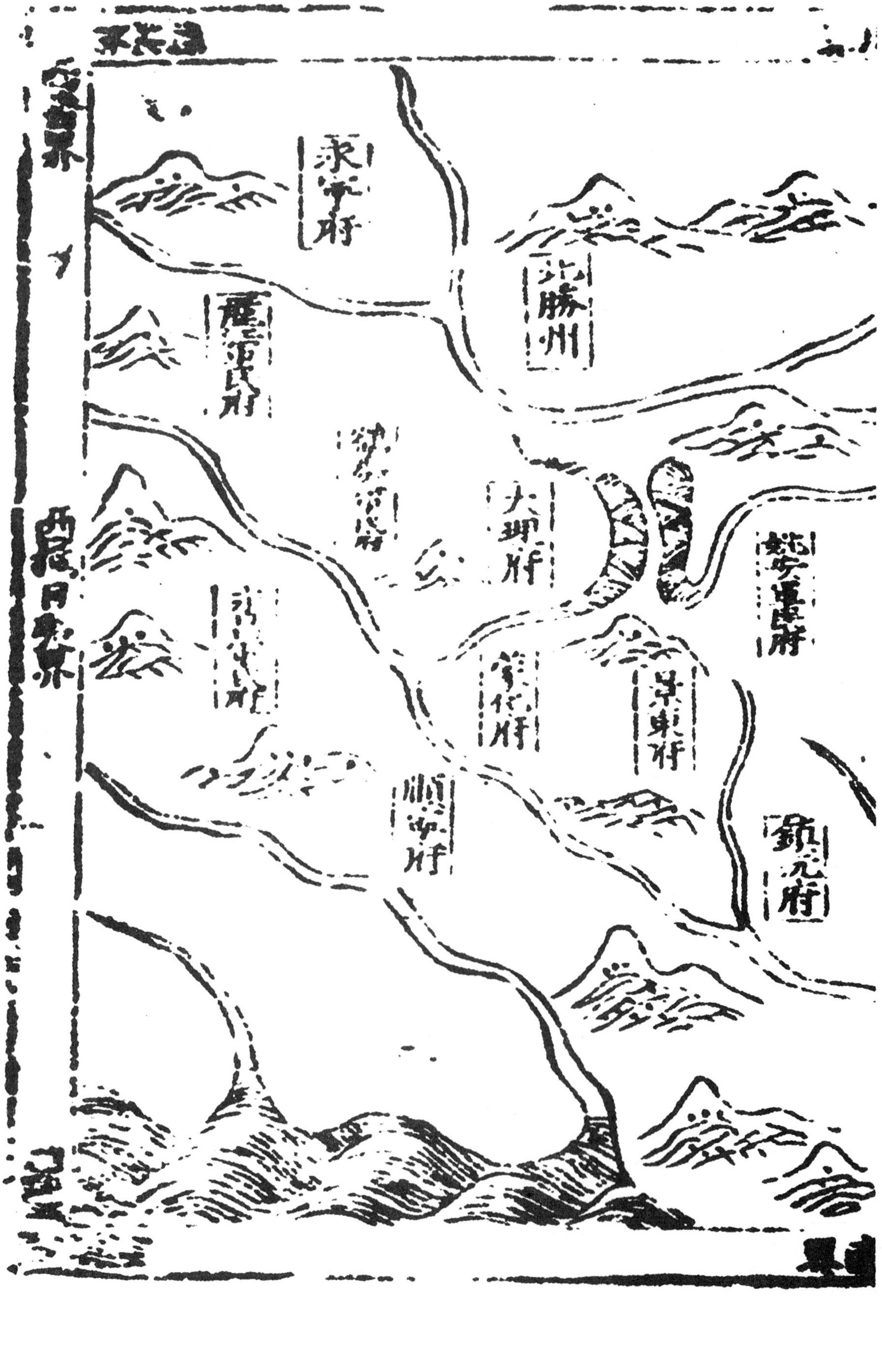
鎮江府

府二十（內軍民府八）州三十七 縣三十…

衛一 長官司十三 巡檢司一

雲南府領州四縣九附郭縣一 昆明（六十一里）外富民（三里）宜良（四里）羅次（三里）晉寧州（九里）歸化（二里）呈貢（四里）安寧州（十里）屬縣一 祿豐（三里）昆陽州（四里）屬縣二 三泊（二里）易門（三里）嵩明州（十里）一

臨安府領州四縣四長官司八巡檢司一 附郭州一 建水州（八里）外寧州（四里）石屏州（八里）阿迷州（十里）縣為通海（二里）嶍峨（七里）蒙自（十五里）河西（四里）長官司為納樓茶甸長官司 討

…明志 … 八十二

里王弄山長官司馭教化三部長官司溪處甸長官司
思陀甸長官司左能寨長官司虧容甸長官司落恐甸
長官司納更山巡檢司俱無里已上六長官司一巡檢司各抄報冊一本
大理府領州四縣三長官司一附郭縣太和五十里外趙州
十五里屬縣一雲南十二里鄧川州十二里屬縣一浪穹二十里
賓川州十里雲龍州無里十二關長官司無里已上俱抄報冊
楚雄府領州二縣五附郭縣一楚雄十一里廣通三里
定遠七里定邊三里南安州八里鎮南州八里
徵江府領州二縣三附郭縣一河陽六里外陽宗二里江川
新興州三里路南州

[illegible]府領州一[illegible]

廣南府本府四里領州一富州四里

鎮沅府本府四里

蒙化府本府二十五里

景東府

永寧府

順寧府已上三府俱抄於總冊

鶴慶軍民府本府三十里領州二劍川州十一里順州三里

尋甸軍民府本府七里

姚安軍民府領州一姚州九里縣一大姚九里

永昌軍民府領州一縣二長官司二附郭縣一保山 [illegible]

永平 里九 騰越州 里八 鳳溪長官司 施甸長官司 [illegible]

曲靖軍民府領州四縣二附郭縣一南寧 里三 外亦佐 [illegible]

霑益州 里十 陸涼州 里八 馬龍州 里四 羅雄州 無里 [illegible]

武定軍民府領州二縣一和曲州 里六 禄勸縣 元謀 里五 [illegible]

州 里八

麗江軍民府領州四縣一通安州 里十 [illegible] 州蘭州 [illegible]

州臨西縣 [illegible]

元江軍民府 [illegible]

[illegible]

[illegible]

北廠州尉[illegible]

者樂何長官同[illegible]里抄一本

徐溝[illegible] 不葉南 [illegible]

貴州圖

安順州
鎮寧州
永寧州
西南抵
界

宣慰司一　州六　衛四　長官司八十

府八　縣六　安撫司二

宣慰使司領長官司九水東長官司一青山長官司一副

佐長官司一龍里長官司一白納長官司一底寨長官

司一垂西蠻夷長官司一養龍坑長官司一小曹蠻夷長

長官司一

鎮遠府領縣二長官司二附郭縣一鎮遠縣里外施秉縣

一里邛水十五洞長官司里二偏橋長官司里一

黎平府領長官司十二縣一潭溪蠻夷長官司里三八舟蠻

洪武志　貴州

蠻夷長官司二里 洪州泊里蠻夷長官司一里 曲溝州蠻夷長官司六里 古州蠻夷長官司五里 湖耳蠻夷長官司一里 亮寨蠻夷長官司一里 歐陽蠻夷長官司一里 新化蠻夷長官司一里 中林驗洞蠻夷長官司一里 龍里蠻夷長官司一里 赤溪湳洞蠻夷長官司一里 永從縣二里

都勻府 本府領州二 長官司八 縣一 本府屬長官司四 都勻長官司一里 邦水長官司一里 平浪長官司一里 平州六洞長官司一里 獨山州一里 爛土長官司一里 合江陳蒙爛土長官司一里 麻哈州一里 豐寧長官司一里 樂平長官司一里 平定長官司一里 清平縣二里

思州府領長官司四都坪峨異溪長官司里三 施溪長
官司里一 都素蠻夷長官司里一 黄道溪長官司里二
思南府領長官司四縣二 沿河祐溪長官司里一 蠻夷長官
司里三 水德江長官司里四 朗溪蠻夷長官司里一 印江縣里二
婺川縣里二
仁府領長官司六附郭銅仁長官司里二 外提溪長官司
里三 烏羅長官司里一 省溪長官司里二 大萬山長官司里一 平
頭着可長官司里一
石阡府領長官司四附郭石阡長官司里四 外龍泉坪長官
司里一 葛彰葛商長官司里一 苗民長官司里一

貴陽府領安撫司一長官司十八金筑安撫司一 韋番長官司一 方番長官司一 洪番長官司一 卧龍番長官司一 小龍番長官司一 大龍番長官司一 羅番長官司一 盧山長官司 金石番長官司一 上馬橋長官司一 小程番長官司 盧番長官司一 程番長官司一 木瓜長官司一 麻嚮長官司 大華長官司一 貴竹長官司一

平伐長官司

普安州一

永寧州 領長官司二 慕役長官司一 頂營長官司一

鎮寧州 領長官司二 十二營長官司一 康佐長官司一

安順州一屬長官司二寧谷長官司一西堡長官司一
清平衛一領凱里安撫司
新添衛軍民指揮使司三領長官司五新添長官司一小
平伐長官司一把平寨長官司一丹行長官司一丹平
長官司
平越衛軍民指揮使司一領楊義長官司一
龍里衛軍民指揮使司二領大平伐長官司二
湖志取于正德間合州趙君官所紀載止以揚
祖宗家遠撫摩之德下以垂後人祇承匪懈之則其用心詎不偉歟嘉靖己
酉臨安萬君重修之而事與文概昔加詳繼而滇南郭君復爲校輯以

僔頌是編也若不油然起其暢感之懷者乎儀不敏從事之暇妄意于重可東之能也嘗竊觀天下司府州縣之志皆有地圖以便一覽湖志爲各志燬貫而獨是之闕皆謂詳湖事者內可略於外耶噫恐志匪特志湖也志天下之廣也然則地圖可少乎哉爰與同寅中軒王君欣庚各閱圖志從覽乎歷譜中外諸公廼命工繪天下一統并兩直隸十三省各府圖冊附於進冊衙門之後其衛州縣皆同圖之所不能悉者則爲冊分敘略以見縣圖之一不備之所不備然十州志者一披卷而可以縱合之於治也已雖然從湖一圖推之各於其所以易之有所似爲闕乎其與地之圖恐亦猶前日從湖之圖也愚不敢執以爲定也有待於後之續者之更定云爾。旹嘉靖癸亥秋仲上浣東浙陸　鳳儀謹識

後湖志卷之一

事類三

管冊職名

官職 國初戶部侍郎帶管宣德年間欽差戶科給事中一員自景泰始戶部廣西清吏司主事一員自景泰始專管冊籍正德十五年始添管理後湖黃冊閘門

監生 洪武永樂以來間用千名取監生五十名照依後奏不取止額刀所派治查例奏取遂為定制

吏 [illegible]正統元年采俗奏准吏部撥辦事吏三十名送湖謄寫

[illegible]匠歷事歷年冊籍調有事故照例補

生[illegible]正德五年給事中何宗奏

南京太醫院并應天府各撥醫生一名當[illegible]
在湖人役
匠役國朝先年俱行應天府所屬入條編銀
香[illegible]聽碎歷年黃冊近例庫匠免運太
造之年添蓋歷庫方舖十名有鉄行文上
江二縣僉派少北[illegible]字号家無過六人充
每年每月給工食銀六錢天啓三十七名
黑造冊給發內京工部當江提舉司經遞
舟添[illegible]
丁[illegible]
大查職名
官職洪武二十四年定制每冊[illegible]養[illegible]給事
中一員部史二員主事[illegible]督[illegible]監生
[illegible]對事[illegible]同[illegible]命[illegible]料[illegible]
州奏請戶部[illegible]止[illegible]命遞部

監生

洪武二十四年定取國子監監生一千二百名以備用比對新用嘉靖正德七年裁取入內各弘治六年奏准實歷三白五十名差見後卷

吏役

[illegible]二員收掌監生照米行京吏部[illegible]以名[illegible]治大行[illegible]

二名[illegible]二名[illegible]

跪一名[illegible]分處文移[illegible]所[illegible]

各收掌[illegible]六十名撥選所[illegible]之

用以[illegible]俱行[illegible]二十照以用[illegible]五

十名[illegible]五名[illegible]官宅飲饌以上行國子

監取用近例大貴州于一百名填發譜

止用十名三

巡湖職役

一 湖外南京東北二城兵馬指揮司所儲勝

在衛牧馬千戶所各差官一員帶同

守兵地方責使往來沿湖巡察渦湖日湖官兵俱於湖口駐候嚴加盤詰

一州中舊例開京戶部十三司輪流撥吏四名見湖巡風今暫用本湖辦事官吏

後湖界址

弘治三年

奏

准本庫官廳前立石碑一通書刻四至

一東自門前京都察院前湖坡地起西北抵至南京北城兵馬指揮司所管南京舊縣左衛舊倉基址南止計二千六十二步舊縣百步立土堆一箇界石一塊計二千步共立土堆二十箇界石二塊零六十二歲

一西北自□清涼左衛舊倉基起至神策□
城脚下□計一千六百零三步每百步立土
堆一箇界石一塊計一千六百步共立
十六一十六箇界石一、十六塊零三步
一西北自神策門起東南至太平門止俱以
城垣為限自太平門起至南京都察院前北
斜以湖為限

後湖公署

後湖管冊官員舊無公署嘉靖三十九
年該戶科給事中郭斗奏准行南京
工部議處而科部公
署二所俱此建焉

一戶科管湖公署坐北紅花地巷內面南坐北
東西橫前後俱二十丈南
至北東深一十八丈三尺仍深二十七
丈五尺庭西又菜地一段闊二丈三尺

長一十丈 丈五尺

一户部管湖公署 坐落手衛營巷内所東坐 西南北横十丈東西深二

十一丈 一尺

事例一

諸司職掌

凡各處有司十年一造黃冊分豁上中下三等人戶仍開軍民竈匠等籍除排年里甲依次充當外其大小雜泛差役各照所分上中下三等人戶點差

洪武十四年凡一款

詔天下府州縣編賦役黃冊以一百一十戶

里推丁多者十人

爲長餘百戶爲十甲甲凡十人歲役里長一
人管攝一里之事城中曰坊近城曰廂鄉都
曰里凡十年一周先後則各以丁糧多寡
爲次每里編爲一冊冊首總爲一圖鰥寡孤
不任役者帶管於百一十戶之外列於圖
後名曰畸零冊成一本進戶部布政司及府
州縣各存一本

洪武二十四年凡四條

奏

准攢造黃冊格式有司將一戶定式謄
刊板給與坊長廂長里長并各
甲首令人戶自將本戶人丁事產依式開寫
付該管甲首其甲首將本戶并十戶造到文
冊送各該坊廂里長坊廂里長將甲首所
造文冊攢造一處送赴本縣縣以所

比照先次原造黃冊查筭如人口有增即為
作數其田地等項買者從其增添賣者准令
過割倘不失原額所據排年里長仍照舊門
內原定人戶應當設有消乏許於一百戶內
選丁糧近上者補充圖內有事故戶絕者於
畸零內補輳如無畸零方許於鄰圖人戶內
撥補其上中下三等人戶亦照原定編排不
許更改畢擠詳之事板有司驗具丁夜供公
定奪仍於各文冊前面本縣照依式樣親總
積圖所在有司官吏里甲敢有例附從冊刊
埭害民或將各寓到如式無不之刪改行毀
林才證不按者許老人措實違刑朔擇洛民
吏典赴京具奏犯人處物若礼民構話排居
者抵屏著官吏里甲通同人戶隱贖作弊及
將原報在官出地不行明白梓被過割一槩
影射藏除根額者一係處死隱觸人戶家長
虛死人口邊發化外此編構里長務不出本
都且如一都有六百戶將五百五十戶編為

湖志 卷之四 二

合式

五里剩下五十戶分派本都附各里長名下帶管當差不許將別都人戶補輳其畸零人戶許將年老殘疾并幼小十歲以下及寡婦外郡寄莊人戶編排若十歲以上者編入正管且如編在先次十歲者今已該二十歲其十蘇已上者各持年分遠近編排候長一体充當甲首其有全種官田人戶亦編入圖內輪當花冊式內定到田地山塘房屋車船各項欵引所到市司有者照式開寫無者不許查照花類縣造都總收除項下止許開寫人丁事產總數不用數數具冊各府州縣將各里人丁文冊總查項面先造追黄冊具將各里人丁事座人戶開處另除寄無者定該內分錢各鄉備事業并上總數帶官當差官吏照規承華杏明收到爭各里長府州縣總冊後書名畫字乞貫數正本官造親州北齊有鈔官吏於各州縣造到文冊躬親檢閱原并相同求府依定代另造總冊一本於內分都各州縣

人丁事產總數并州縣造冊各項冊後一號開寫年月書名畫字判印直隸府州本府委官一員率各州縣提調造冊官吏紀究其布政司一所轄府州仍申解布政司本司官□□親檢閱磨算相同依式類造總冊一本於□分豁各府州人丁事產總數於各府州造到總冊後填寫年月書名畫字冊印委官一員率各府州縣官吏親齎俱限年終進呈尺

庵觀寺院已給度牒僧道如有田糧者編黃冊與里甲納糧當差於戶下開寫一口其寺院庵觀其僧道當饑年里長甲首無田糧者編入冊帶管畸零下作數乜冊字樣皆細書大小行款高低照坐去式樣兩上求都保分等項費式州印不許用紙浮貼其各州縣

又奏

每里造冊二本進呈冊用黃紙面布政司府州縣冊用青紙面

准邊遠土官不拘定式夷民不造凡雲南各府攢造黃冊除府官受上官驗熟府分依式攢造外其土官野事邊遠頗野之處里甲不拘定式聽從實編造貴州宣慰司不造播州宣慰司於近通漢語者編造其餘夷民不造

令黃冊送後湖收架委官員監生對查凡各布政司及直隸府州縣并各土官衙門所造黃冊俱送戶部轉送後湖收架委戶科給事中一員察御史二員戶部主事四員監生一千二百名以舊冊比對清查如有戶口田糧埋沒差錯等項造冊徑奏聞

其官員監生合用飲饌器械等項并應夫俱於閘子監取用如不敷於都稅司并上元江寧二縣等衙門支給紙劄於刑部都察院關領不敷之數并筆墨於應天府支給官錢買查冊房屋冊架近湖船及桌櫈什物俱工

部等衙門緣
撥夫匠修造
令凡官員監生吏卒人匠等每五日一次過洲
曬晾司禮監戶部收掌鎖鑰不許一應諸人
往來

永樂十一年化一條

河南道監察御史張翼等奏
醫治監生魏蘇等奏爲查理黃冊事務得監生蘇昶等患病略節緣由於十一月初九日早
文華門
啓奏
令旨但有病的不要他過來着太醫院帶藥就

冊議
賦治

正統元年凡一條

九月十三日戶科給事中張佑題

准爲黃冊事照得欽蒙除臣同戶部主事
員陳偕黃冊今將合行事宜開
重音佐爲風知議二十五以早本部兼部事行
在豈部向書湖黃等是題一[illegible]乙[illegible]
國[illegible]年江事黃罰不下閏十辨萬本內長
虫甡是劉宗定古祥人丘五十名近東惠天
有上元江寧二縣長到人近五十生內有老
竹爸疾久之一十故不吳羨補黃冊錢多人
沂設少貴不洪沂汁所藏守者少之匙幽眾
准架小坡錯雜沁無丈部咨發時事史三
名點依洪武永樂洪熙年冊事例成广監

服役監生五十名相無人匠所除選有事故
仍照額例撥滿實役開年查得本部先次養
撥人數五十名將驗个[illegible]行化[illegible]疾及
事故不與[illegible]要[illegible]事[illegible]一十[illegible]于臨
監生五十名[illegible]秉[illegible]所[illegible]淮[illegible]文[illegible]添
撥分無國下[illegible]秉數[illegible]五[illegible]年[illegible]與
原發差生選[illegible]不[illegible]三[illegible][illegible][illegible]學
[illegible]後湖併庫不下三[illegible]餘[illegible][illegible][illegible]未
樂年開嘉遠例令年建多有都[illegible][illegible]引
捐壞自宣德九年十二月以前武[illegible][illegible]辦事
官將帶匠作輪理自正月以後該[illegible]照依戒
省事例停罷即令輪班人匠無揀[illegible]以條
理令令無照依官德年分行[illegible]科[illegible]官擇
帶匠料常川[illegible]理[illegible][illegible]行工部計[illegible]方理
十件乞令戶部吏典照舊巡視後[illegible][illegible]備
節原戶部所江等十三司每兩司[illegible]流典
一四名五日一次往湖巡視令各司每次或燬
二名或令無[illegible]以致無稍之徙[illegible]而過夜

□□□□□總□□條所恐錯黃冊不便今合無
仍令戶部照舊行令巡風便益前造合照舊
輸其吏典直容巡風一律乞為□前所後洳
□□陞遞年受虧損擦黃冊原□年經由戶
部裁
施行今後合無遇有起關損壞黃冊執令戶
呈行移各布政司府州縣補造便益□□書
照已冊簡發分行戶部照舊奏
行移各該州府行造本
存□張□□□事吏一十名他撥去但是
在後生事透漏
庶清都不說

景泰二年 凡一條

奏

攢造事宜 凡各圖人戶有父母俱亡而兄弟
多年各爨者有從父別戶而冊□□□□

年各爨者有先因子幼而招婿、子長成而婿歸宗另爨者有生無子亦乞養異姓子承繼分有親子而乞養子嫡宗另爨於本戶各人戶內如果別無軍匠等內役占規避差項內頭分丁於聽分人丁數少及前申應等項役占家没仍與其不許分居凡各出首領人戶除故絕并全戶充軍不及一里者許歸併一里當差餘剩人戶發門近外出韓罰編造不許寄此落有說泣携名附謝首告役正其有自額貴以本處人穴為業除察寄產戶籍者聽有遞倒寄庄者所往有司向問田地入官其軍衛官下家人墳軍下老所試丁魯置附近州縣田地頭將人丁中產於所在州縣附縣納糧當差者聽先各貲節應外郎人民在境寄住及軍民官員事故改調等項遺下家人并男子係置有田地已成家業者許令寄籍將戶內人丁事產報官編入圖甲納糧當差仍於戶下該寫原籍貫址軍民匠竈等

戶及今收籍繇由不許止作寄籍名色如違
所在官司解京發戶外充軍田畫入官凡買
造黃冊如有奸民豪戶通同書手作弊寄莊
也若不走匿戶隱漏丁口脫免差役詭寄
戶籍[illegible]或匠役者或將[illegible]以[illegible]
隱瞞官吏[illegible]入籍充本罪其冬[illegible]
州縣委官[illegible]官吏混書籍[illegible]
仍出[illegible]提調官分書籍名貫造冊
上[illegible]部以如有試消作弊名貫造冊一
發問有罪以充軍作條

景泰三年　凡一

定官吏里書人等作弊罪例　凡各處攢造黃冊

等提調官吏作弊以有為無以無為有者
串發邊衛充軍官司解京並發口外為民

景泰六年　凡二條

奏
准四川威州并保縣極邊番夷黄册免造
閏六月南京國子監祭酒吳節等奏
廠為查理黄册
奏川三川十三川南京戶部奏
准景泰三年浙江等布政司償
天應天二府貟責川開蘇松等府州縣并各
主官尚門該造冊俱送後湖收架外發要
正統七年事例委官取發監生一千二百名
查理今要南京錢糧不敷人民艱難止合裁
取八百名查理奉
聖旨戶部知道十六日戶部覆題奉
聖旨是欽此後咨南京禮部劉付本監貿說戶
部奏撥施行除黃遵外今奉取撥監空臺盤
黄冊緣本監先於景泰四年奉南京禮部
付岳存省京儲事省坐堂年深監生運存一

行名在監肄業聽候差撥其餘併續考送到
盖生悉奏上年事倒放田原籍依親讀善運
有缺用接究行取除已遵奉放回依親去說
小存年澤監生一千名在監肄業續奉南京
吏部副什行取歷事弁高本監生二百三十
四合又於南京都察出山東道手本行取刑
巻監小芒占爭一百名弁各簡門陸續取送
姿拼反掛手監生張景監等一百一十一名
全實坐堂監生頼獎節六门令八名令奉
依事賈將各生授送查埋與附名數不數設
冊景奏元年依親監生徐謁等以百三十一
石食交二年例控等共頁五門名行取發舉
承錄差後奏
告召尚知道

[illegible]德五年
凡

准廢置各處流移人戶〔各處流移人戶［illegible］下［illegible］〕
中編成里甲開墾荒地［illegible］久者各附籍，
官丈量［illegible］輕則起科［illegible］秋糧米一斗三［illegible］
合籍一斤［illegible］入籍［illegible］常［illegible］如仍［illegible］
不附籍者，［illegible］貫，入官，凡各叫府
州縣總冊各要［illegible］
進呈各［illegible］文冊，另造一本［illegible］南京戶部。
成化二年〔凡一條〕
二月，都察院右都御史李　等題
准禁盜取後湖黃冊等事。〔今後敢有［illegible］偷抄洗改［illegible］冊〕
［illegible］凡人張成凡盜
［illegible］不分首從，律條皆斬，監候奏
請［illegible］

成化十一年[illegible]

七月南京戶部議處查理黃冊監生事宜 南畿[illegible]

[illegible]戶部呈准後湖手本前事若行下監自[illegible]

[illegible]雜辦差使舉人監生不行嚴責[illegible]

[illegible]在監作人監生[illegible]

[illegible]

[illegible]

查理黃冊[illegible]戶科給事中[illegible]史二員[illegible]

京戶部官員[illegible]天下黃冊[illegible]八百[illegible]

查理官員[illegible]本部[illegible]通行[illegible]

湖[illegible]理夫[illegible]事[illegible]以[illegible]八

用監生八百名[illegible]之一二百餘名[illegible]以八

[illegible]計六[illegible]三[illegible]之一[illegible]因又

經通行查取去後未據送到今該前項有得
舉人由歲貢所入之途監生□及其到監均為
監生設若歲貢監生數多可得查考□□可姑
咨舉人肄業以待下科會試今見在監□□既
已數少不勾查冊況查無舉人監生既□□
開如乃容留舉人在監止令歲貢監生查冊
非推人情不堪抑且貽誤查冊所據監生左
慶等俱各照例送湖查冊候有取到各監
生可勾查冊之數就從□行
回在監作養肄業施行

成化十五年　凡一條

九月初十日南京廣東道監察御史李紀奏
准為陳言時政以開資治事　照得天下府州縣
籍十年一造然而軍籍之家多奸狡欺□
為戶姓名貫永造冊書手□□戶籍黃冊之小

戶有丁少分作二三戶當作丁分分作三四戶
者其原戶止存一戶□籍人丁各當差役逃
則係言係甲有缺□□聽繼□□致遷歷年遠
以依知因可老人而□原戶人丁死亡測浜
其東籍替作戶絕而所分之戶□□為民矣又
有甲各分宗合族返行別府州縣置買用屋
押作代戶於□□官司告附隨□籍當差
者收□□□□□□□勾補投報近衛軍籍
□有□□□□各色影射而冊不著伍籍以
武斷□□□□□□□□□清理多被買來
以使□□□□人□□□□□□非追究何

新該部申明事政條例遵行備□所各處司
府州縣□□□□事官□□□□□書存
有司正令行戶分籍□□□□□□□
以隨□□民戶並東遠□長□□□□照錄
會實書□令首正明□發遣如前□□□□
不行首政許諸人□□首□□為給賞

作多米於[illegible]發[illegible]片頂畏中事[illegible]千隸[illegible]

入有該扶[illegible]以死欄[illegible]

[illegible]

後湖志　卷之四　十

[illegible]

有司里老作弊 [illegible] 交 [illegible] 事 [illegible] 作木 [illegible] 甚 [illegible] 細圖

甲首作弊多文有 [illegible] 人 [illegible] 同戶的收

[illegible] 里價 [illegible] 買 [illegible] 多 [illegible] 戶籍建

重 [illegible] 民 [illegible] 之人 [illegible] 在 [illegible] 司吏

[illegible] 書 [illegible] 改 [illegible] 不 [illegible] 丁 [illegible]

[illegible]

[illegible] 二單 [illegible] 年官發 [illegible] 入吏 [illegible] 九

[illegible] 天 [illegible] 逐 [illegible] 後 [illegible] 人 [illegible] 戶 [illegible]

[illegible] 之 [illegible] 行 [illegible] 一 [illegible]

[illegible] 出一 [illegible] 節 [illegible] 市 [illegible] 明 [illegible]

[illegible] 木 [illegible] 應 [illegible] 有 [illegible]

[illegible] 合 [illegible] 通 [illegible]

成化二十三年 凡二條

三月初四日戶部左侍郎李 等題

准爲建言民情事 據[illegible]官何琇所言一件

[illegible]人民自洪武二十二年[illegible]

閒以[illegible]

因家道貧乏[illegible]起程赴衛之際路費缺少及自

在衛[illegible]盡行[illegible]地[illegible]人遞[illegible]過

到五六十年[illegible]十年者後或人正軍[illegible]

盡或在[illegible]或全戶[illegible]衛當補軍轉木遞

別處潛住逃[illegible]戶[illegible]人民只得改

逃先年[illegible]人民多[illegible]原

燒毀及遺失買地契[illegible]軍人原貼

賣過[illegible]明[illegible]地有[illegible]人在有

軍田號者有貼軍妄作收[illegible]查有[illegible]

年告爭不已有冊軍不[illegible]衛出給[illegible]

或勒買田之人律貼軍裝以致一概[illegible]詞

卷之[illegible] 二

訟蜂起民被攪擾甚至結成黨與懷挾忿心
刑衛驚嚇官吏將買田之家兒男挾仇出繼
入贅爲名色緣便徑行有司勾擾其弊甚大深
爲民患害怨衝大致傷和氣因而旱澇相仍
或災之出亦由於此昔使前項違割年遠籍無
定田地聚要實以後人起程艱難有田無
錢欲折變貲人皆疑惑不買盤纏何由措置
訟設法訴誣并良法反爲妨害臣恐各處亦
有此弊如蒙乞
勅都察院轉行清理御史行令按二司清軍官
員照加禁約今後但有告爭絕軍田地係在
正統景泰年間違例買賣行據二次者立
案不行如係以前下親丁從業告取亦要
從公審勘明白方許受理若有未奉之
詐捏嚇騙事者乘分收證眾民并有司徇私
坐視不行改正聽其肆告之人就惑司詐理應
拔問者決便提問陳奏
請
旨處置庶使行如此則天意回而災咎消詞訟

息而民獲安矣前件會官議得戶部奏
行移管院禁約官前件管例漂戶部言遠年
軍人田軍人責過收戶已定糧官府隊蹟入斷
給又行軍人內買收田之家丁男官府機驛如
一數名色行文內各發深府民官苻節非行所
本官處所官然者逃苞各處行此內未行冬
擬合中明查禁約蔡行故行事都官司此管寧
巡按并清事監察御史官各衛所行都察院按禁
官員查禁府州縣部所官貴行事史按劄加
合後有告承不山衛地俗司所官史三四
過割四牧明口者不許地俗紹舊地官次如
逆府戶下下投復具查本告不原戶並總者
州人并本承受業承府勿買并
事夫并不任此限者本官該官吏承受
驛田斷若總巡按清軍御察衛史附聽騰
府州千後府必以上官從自奏史并分巡官

間施行具題次日奉

十一月户部尚書李　等題

准為興利革弊等事行移各處巡撫巡按官督

同按察司官屯僉事管官

後勘要只衛所設屯軍若干各屯田

該頃畝合于各數逐一清查明白中間

其有勢要官軍役占軍民地不納子粒務要

過行應奏

請著應提問者提問如律照例發落其清

出地畝照數可軍人耕種納糧通將

查出地土頃畝根數開造文冊奏

條例將清出一本送部以憑查考

後湖志卷之四

後湖志卷之五

事例二

弘治元年 凡二條

奏

准脩理石閘及禁約事 [illegible]

軍民揭冊捏取門洲作弊等項，將黃冊□□京都
察院俯從所出給榜文翦其諸禁約遵守不許諸人耕種如有故違許科道
官指實參奏
奏處行，□□人如□□□

十二月二十五日南京山西道監察御史孫
紘等為
奏為故違禁例以開弊端事。據揭奏弘治元年十一月二十
日
欽差南京戶部公等□□□□後湖□□□□十餘人
攬□□史□後湖中湖□房屋所說望至午
由□□□□□
宗祖設立後湖庫藏圖籍之所，凡天下黃冊所貯
□□□□□□□□□冊□□各一員管理其

半湖中船隻係
內府司禮監及南京戶部分掌提論一應外人
不容往來洪武年間法禁最爲嚴重自
國初至今百十餘年人莫敢犯今太監郭鏞承
差兩廣公幹自當夙夜不遑以副
君上之命乃於南都經過之地遲逗日久雖
祖宗嚴禁之地偃然不顧前去遊憩其怙恩恃
寵肆已驗人壞
國家之成法遽都人之驚猶是可忍也孰不可
忍也或者以郭鏞過湖半日之間未必能害
事殊不知
欽差經過內外官員絡繹不絕使人人效尤歟
止之則必以郭鏞爲辭不禁則奸人乘之作
禁其源一開未流無所不至誠不可不慮也
如蒙
聖奏將太監郭鏞拿送法司明正其罪仍
勅該部申明禁例無容閒人來往庶使近倖者
有所畏法姦惡者無所容謀亦久安長治之

後湖志　卷之五　二

一事幽奏

聖旨該衙門知道

弘治三年凡四條

四月

欽差司禮監太監何穆等題

准為故違禁例以開弊端事會同南京守備等官親詣後湖勘驗過應該添[illegible]制度嚴加關防處所會議明白係陳于[illegible]立石柱木則行四至石碑南京太平門外後湖中洲老方洪武年間設立黃冊[illegible]庫以後凡遇上年一次各處造到黃冊添蓋庫房於野四防例水環達[illegible][illegible]南岸城外原設石閘一處內有閘板一[illegible]城內又故石閘一處內用漏孔銅[illegible][illegible][illegible]節開閉又於太平門外及大平堤下各設水洞小閘

大閘字張府浸冊岸城垣則開以泄之水
乾涸人往來作弊則閉閘以蓄之後因年久
閘板損壞湖水常川流泄乾淺以致本湖
外種田漁牧盜取庫冊偷引水利諸弊興生
先該監察御史等官踏勘占種湖田
量定界至具奏已經都察院覆准行移南京
都察院出榜禁約不許諸人耕種採取及偷
理石閘外但無定奪湖內蓄水深淺旁外官
民界至稽恐日後奪民人等仍前偷引水利
占種湖田獲託勢逼該管人員將前項關下時
啓閉走泄湖水後有前弊一二
勅該部行移南京戶工二部委官相計於冊庫
并太平門傍湖口各立石柱書刻湖水等則
若水大過此準則方許開閘泄放至等而止
若水平或不及準則不許擅自開閘仍於本
湖北岸前項委官勘量界至處所每百步置
立界石一塊本庫官廳內立石碑一通書刻
四至不許官民人等占種湖田及假以採取

柴草魚鮮牧放牲畜爲由窺伺作弊仍於神
策門外東城牌下湖邊照依太平門外砌置
界牌擺門一所以斷人行往來牧放窺
伺冊庫仍令地方火甲巡捕官兵常川巡視
敢有故違聽管冊給事中主事參究拏問一
件蓋造窩鋪看守鎖鑰以便防守文原設過湖官船
一十二隻係於太平門外湖邊停泊緣無繫
鎖去處止令鐵鎖連串頭下鎖鑰一匙在南
京司禮監及戶部分掌每遇五日一次過湖
之時差監生一名齎文前去關領開鎖之後
隨即送回湖一人員所爲夫未必盡去或
餘三五隻在岸不[illegible]之到南船隻
亦無鎖禁及船[illegible]岸管[illegible]下[illegible]門防或不
嚴緣上令水夫人[illegible]中閒遠下不[illegible]者亦有
之以致得以擅自搬載牲來船載柴草裝送
人畜等項作弊乞
准下行令南京工部差官修船[illegible]
發鎖岸邊蓋造窩鋪三間內立石柱一根將

委官開數明白仍索連串一頭鎖繫錫內鎖
貴查理貫數於收用外其餘收集仍皆串選
造交割損後湖管貫俱浮湖作門封錢雖選
串其庫內選鎖損封其洲湖飢貨到於軍冊
條正藏鎖連章或非置立石林或就水逃選
木封鎖分門之對仍前串鎖鎮內林上打畢
事鑑鑰差造交[illegible]冊教不許林背及置青
祭木潭藝作今盡若到黃冊俱常楚湖表背
續殼具庫內冊架從引竹片鋪整易於引意
吏官以政冊籍壞俱又匠逆年領府劄查遂
年收只冊首尾由語開無部知是何一州十者
黃冊先於正統年擧戶目秦差委官一十許
呈將見在黃冊久有數各奏查一次所有底
簿有與今經年久但遇揭處行查議之不應
有無見在只得後於拔大愈加振損淵用厚
殼部通行各處令後但造不造黃冊娛大背
仍為背面粗牢綿紙裝到不許用些嘉州
仍於冊內湖都圖里之上俱要書寫某吉六

後湖志 卷之五 四

繇償後冊由擬壞易於查考其黑架用木板
鑄盤不致蛀仍行南京户部將浙江等布
政司并南北直隸見收在庫黃冊處委員
外部或上事各一員取撥在事官吏監生逐
一[illegible]各將冊真有無可查數目其首
[illegible]由抽[illegible]不[illegible]冊將縣者即將冊內登簿
[illegible]夾查[illegible]冊查[illegible]遂辦[illegible]造冊奏繳仍將冊
[illegible]寫部白[illegible]記交[illegible]兩給事中主事見在
[illegible]遇[illegible]部[illegible]書先將不[illegible]冊內查看人工亦
文但[illegible]寫黃冊[illegible]寢[illegible]冊將事[illegible]壞洲逐等
文令揭[illegible]黃冊[illegible]庫外[illegible]人之日水
不頻費[illegible]冊庫[illegible]之人[illegible]所
生長畫等[illegible]風火[illegible]苦[illegible]
落[illegible]冊[illegible]等[illegible]若[illegible]過[illegible]
[illegible]費又總因而生[illegible]風火過漏[illegible]
[illegible]及[illegible]述在[illegible]看所失區倶存[illegible]外
火房做遣然[illegible]十年遣州黃冊[illegible]川
直理監生人等數名倶於上元江寧二縣出

將柴薪送庫分給燒用乞
勅該部行令管湖官員於每年秋冬草枯時月
暫令在官夫匠或行有司添撥甲首二十名
定限日期捆煎砍斫成束見數若干除給與
官吏監生夫匠日逐燒用外其餘之數俱用
官船裝送隔水州上知法准作俟後大造黃
冊送到查理之時分給官吏人等造飯燒用
免令有司供辦柴薪若積聚數多恐年久圖
爛就行會官估價變賣銀兩送應天府官庫
收貯以備修理本庫等項支銷
一件打取魚
照後湖所產魚鮮舊例每遇冬年二節該南
京司禮監差撥內使帶領魚戶扛擡外賸魚
船前來本湖網打魚鮮給使內官內使食用
緣無議定打魚日期及魚船數目或有官私
人船一槩混雜乘機網打難以防範乞
勅該部行令各該衙門及管廠官員知會每遇
冬年二節之前照依舊例網打五日即將船
齎投回其餘日期不許採取如違許管冊官

設□送問

一件修理庫房

後湖黃冊庫房共
字□百餘間自洪武年間以來陸續蓋造緣
之勢卑濕歲久易於朽爛其椽瓦望牌門總
□架之類不時損壞滲漏正統年間南京戶
部奏
准議部委官一員□帶人匠物料常川在湖修
理後又革去選有□滿管冊官具呈本部轉
行南京工部委官會勘修理文移頻煩往復
□又□懸難以清查恐致倒塌愈費工料若
□□委官常帶匠料修理又恐久占人難乞
敕□□□南京工部今修倉委官常管修理
後□□□等項選有管冊官員既報冊庫損
□處所先選知湖日期即便量帶夫匠物料
與□庫夫知熱修理完備庶使工程不致浩
繁費亦免冊籍損壞伏乞
聖裁優□有可采
為付□□施行人知警懼而弊端可革矣四月
初八日戶部覆題奉

聖旨這本所言都准
行該衙門知道

又題

准祭祀土神禮儀

黃冊庫中原設土地神祠宇一所前該管冊官員同見本庫設在陰濕之所過湖官吏監生夫匠人等多災疾每年春秋之時止辦牲醴祭祀因無奏定祭祀禮儀人或多以爲言乞
勑禮部計議應否行參附近有司每歲春秋支給官錢買辦牲醴等項祭祀就遣管冊官行禮奉
聖旨這本所言稱准行該衙門知道戶部移文看得太監何穆奏稱南京後湖黃冊庫中原有土地神祠宇要行附近有司每年春秋支給官錢買辦牲醴就遣管冊官行禮一節聯該戶部奏有前項
欽依事理擬合通行除外合就移咨前去煩爲

轉行應天府所屬支給官錢買辦牲醴等項
又行管册官一體
赴湖致祭施行

閏九月戶部議處清理後湖黃册事宜

該日看得南京戶部奏稱遵依
欽差司禮監太監所勝等奏奉
欽依事理要有清查後湖黃册合用辦事官四
員辦事吏三十名監生一百名辦印生二名
所天監醫生藥材供給飯米燕菜器血等物
發裁成化十八年一分清理大造黃册事例行
移各該衙門取用一節本部已經前例合行
行南京戶部准自轉行南京吏禮刑工四部依
南京國子監應天府都稅司上元江寧二縣
等衙門照例斟酌取用及僱覓夫役在庫黃册
通計七十九萬二千九百餘本其逐年發出
不存者大約六十四萬七千三百本有零無

伏月，添黃厚紙二張，計用紙一百二十九萬五千二百張，裝釘絹索條數大約與本數扯同，估計每紙一張用價銀三整，每索一條用價錄一縻，大約共用銀四十五百餘兩。本部查無應支官錢，無從支給，要將龍江梳倉撿校拙驗所見在收儲餘鹽五十四時八了十百餘斤，暫行送責錢送支分四拯只闕綿索，如有不敷，仍將續收餘鹽委貞支用，鉄清查定日前項鹽變舊儲行一節，其龍江鹽倉檢校批驗助旦收餘鹽五十匹，爲八千六百餘斤，係折支南京文武官員俸折之數本雄備，支但該部將備查無應支官錢合霑淳其所，撥行移南京戶部委官一員公同府大精上，元江寧二縣各委官一員，將前項收貯在倉餘鹽吊取本所原收卷簿到官查算明台獎，依時價盡數變賣兌包銀兩，轉發應天府官庫收貯，以備支給門攤紙劄綿索應用，以後續收餘鹽變賣折給書買等雜辦准用用遁

錦衣衛查過造冊數目徑自造冊
奏繳仍造青冊一本送部查考十六日奉
聖旨是

十一月南京吏科給事中邵誠等奏

准為黄冊事看得伏覩天下黄冊户口數所臣誠叨職給事偶有愚見不敢隱默謹用條陳一二上瀆
天聽伏乞
聖明俯賜裁處照依先年能經久行弊可除奉
聖旨該部知道二十一日户部覆題看得給事
中等官邵誠等所言六事除填砌後湖湖者
移蓋庫房屋給與印信關防二事移咨禮
工二部行查定奪外令將黄冊所賦送委官書
寫字一樣備關對冊編次格眼四事送一關立
簡併一件監造委官天下大造請論監造官
頗多有衰老貪儒不行用心防禁措造一任

里書通同作弊以軍作民以民作軍飛走稅糧指稱田畝如戶籍中間有將軍戶改作民書筭籍者有將民戶捏作軍所管籍者以致戶籍錯亂無憑查捏如田糧中間有開多役少者有有收無除者有潰派各戶者有產去稅存者以役隸隱飛走無憑查弊奸弊多端難以較舉及至送湖查對不同駁回重造不免科擾於民雖經發奏問罪視為泛常照得弘治五年大造黃冊在遍加蒙乞

敕該部通行各處司府州縣選委廉幹公正之人用心監造戶籍田糧過割等項務要仔細查對相同磨算明白方行攢造不許將衰老不才官員一槩行委其問或有戶籍丁糧別有事故應該攢圖者就便明白聲說各戶項下查對之時有所憑據免致重疊先年若有前弊造冊之日各準首官吏正敢有仍前隱補作弊者查對得出或被人告發不分革前革後事干軍伍軍發邊遠充軍里書發附近

衛所充軍兵正官各治以重罪畫千田粮責
令里書嚴造冊眩正其駁造黃冊紙劄等項
由要原經里書白備不許科擾於民冊完仍
里里書親送到湖交割以憑查對如此則人
北豐糧而民亦不致重擾矣[redacted]存得給事
中等官部議等所言大造黃冊之弊至爲詳
悉監選官員不得其人則丁口之增藏稅粮
之飛走彼籍之錯亂皆由於此乱于曰爲政
往人正謂此年然人皆易得哉且府如知府
賢能者十常七入自府佐而下州上縣令等
官泄斗村計者容有可取若出自背監吏管
之葦非年力之衣選則貧貧之庸下用之監
游餅韓里甘納手而無爲或負所求扶同添
作弊祭如郎減等之所見也合無行其所奏
本部通行各該布按二司令從人造黃冊任
責成長分巡分守知府正官州縣監造官員
不拘正佐推選行止端莊年方精錄幹游明
敝者專管其事如弘治五年以大造之時先

令照甲抄謄原本舊管文與監造官長掌監
造官就拘排年里甲親鄰人等與詞領閘人
口從此後根出入戶籍緣由舊本衙所許令
自首改正免罪監造官參詳考訂攢造冊而
然後別選相應諳曉書手依式謄寫、總事
久多變究限二三個月以裏完前解送本官
知府親自磨對仍拘原供排年里甲覆審明
自甲送分巡分守處詳驗印封類解知經該
官吏不行用心查弄里書故行原冊改抹致
有丁口之增減田糧之飛走戶籍之錯亂者
分巡分守等官查對得出或被人告發本犯
問發附近衛所充軍里書照例發口外為民
若干得監造官員治以經法重罪如此則人
心知從宿弊可免冊書字樣天下黃冊
中間多有字畫微細易於洗改作弊及訪得
前次各處解冊人役行至中途故意遲延不
進等候本處人戶前來通同作弊洗改戶籍
移易軍民埋沒田糧等項如蒙乞

勅該部通行天下今後冊字俱照題本字樣書
寫不惟難於洗改抑且易於檢查其解冊封
則每府委差堂上公廉能幹官一員總解務
令一齊到部庶可以革遲延洗改之弊[illegible]
看得先年大造黃冊字樣細小行款高低冊
本圖式俱係本部題
准通行事例今給事中部誠等所言黃冊字樣
細小易於洗改解冊人役中途遲延或添易
軍民或洗理用報今後造冊要照題本字樣
書寫送委各府官員部解[illegible]節臣等看得字
樣細小委同易於洗改所難係閣扭大者易
於檢閱加簿洗改是洋皆弊之一端也合無
准其所奏本部通行各該司府州縣今後大造
黃冊俱照題本字樣真楷書寫行令高低長
式造送事完之日查與將冊選委司府能幹
官員率領各屬經該官吏解部定限本年終
一併到部送湖查考中間查有洗改字樣過
限程期先將差來人員問罪若事干甲伍稅

[illegible]
照[illegible]夫[illegible]
處[illegible]有[illegible]
只宜本部本司查部令[illegible]
各照不有從勿其府縣照[illegible]
選冊查無從辨認[illegible]得弘不知[illegible]
黃冊合無通行天下司府州縣[illegible]
戶類下備寫某府某縣開寫[illegible]
等籍其軍籍就於戶下開寫先前[illegible]
年問為某[illegible]發充某衛所軍如[illegible]
各契衛分明白填寫其得軍民[illegible]
致埋沒隱瞞

新行

者行[illegible]該司禮[illegible]
稽題補舊時各處造到黃冊同俱用[illegible]
紙簽其庫內冊架但用竹片[illegible]
垂蛀以致籍冊壞爛又用竹[illegible]
年黃冊首尾由諸俱無不知[illegible]
今後但遇大造黃冊俱用厚紙[illegible]
總冊紫釘不許用竅[illegible]表背仍於[illegible]

圖里之上俱要書寫某府州縣里[illegible][illegible]民冊
有損壞易於查考其冊架俱用木板鋪墊不
致蟲蛀已經題
通行去後今給事中等官部議等所[illegible]正典
州合但於事戶項下要寫先前祖文某年[illegible]
某事之其[illegible]所之際如有一衛向防各之衛分
明白填寫揭查十年一次大爲使[illegible][illegible]造一時不
然繁[illegible][illegible][illegible][illegible]是十年一次大造二年一時法
[illegible][illegible]有[illegible][illegible][illegible][illegible][illegible][illegible][illegible][illegible][illegible]一[illegible][illegible]更則天
推[illegible][illegible]圖[illegible]不[illegible][illegible][illegible][illegible][illegible][illegible][illegible]來擾作以
事民[illegible][illegible][illegible][illegible][illegible][illegible][illegible][illegible][illegible]所[illegible]書[illegible]令後之
并[illegible][illegible][illegible][illegible][illegible][illegible][illegible][illegible][illegible]查[illegible][illegible]里之
造[illegible][illegible][illegible][illegible][illegible][illegible][illegible][illegible][illegible][illegible]奏軍[illegible][illegible][illegible]
上[illegible]文書[illegible][illegible][illegible][illegible][illegible][illegible]保軍民[illegible]
令[illegible]所悉要[illegible]式[illegible][illegible]永爲定規
[illegible][illegible]人戶有丁有田者每十戶爲[illegible]　[illegible]小
徭役者爲常徭時參凡遇點差徭役　納料物
科需驗丁田多寡自有輕重之差出

朝廷愛養百姓良法美意行之萬世而無弊者
夫何近年以來奸詐之徒造閒之時買囑里
書將殷實人戶反行造作帶管畸零太行丁
口止將老幼或一名二久造張其餘不收上
冊本有田上止作下剔求非放一畝作垂其
餘盡行詭寄仰大深查向着年[illegible]諳售小赤
一都一圖令則敢意遷以別同察避涼才徂
父在其鄉其保于則那移別鄉別保影射誑
役一遇徵收稅報點差發役紛紜爭告攪擾
官府詞訟繁與實由於此加蒙乞
勑戶部通行天下司府州縣造冊之時務要府
州縣掌印正官嚴仰禁約拘集里書將人戶
正身一名名研審查勘丁口田撥明白一一
造隸如以有前項奸弊者即便申達合干上
司將詭寄田土盡行沒官分為貧難小戶佃
種漏報丁口從重治罪究州聯正宜不行用
心查審致有前弊者供各降級調用如此則
上下警畏法禁嚴問非惟孤差均平而詞訟

亦得減省矣[illegible]看得給事中等官部誠等所言近年以來奸詐之徒一遇大造黃冊買囑里書有將欺賣六戶報作晦零帶管者律所謂變亂役籍者是也本有戶口將老弱或一名二名造報其餘不收者律所謂脫漏戶口者是也本有田土止報一畝半畝作產其餘盡行詭寄律所謂欺隱田糧者是也戶籍爲在二都一圖分則遷改別都別圖律所謂規避差役是也父在其鄉某保子則那移別精別保律所謂影射差役是也似此奸弊賣不能無查得本部定擬造冊榜例內開條律一各處親民衙門照依舊制不許開局造冊止令人戶自將本家人丁事産依式開供付與該管里長將本戶并甲首共一十一戶丁産役役什與見役里長見役里長採將十年里甲親冊丁產共一百一十戶攢做一處定術冊本送與本管衙門甚本管衙門官吏將僚戶觀供此照原冊舊管

係細查筭如十年之內有人口所增充古口
糧地畝開冊買壹慝割俱於收除實正價下
作數其餘別無差總仍發該里依式簽寫完
備送本管州門類紛不查府門弁思青人等
敢有故違申仍造□後有林舊官民或將各
戶寫到如式無先□今故行役林刁據不役
或通問里書人丁□弊將丁口隱躲及行□
報在官田地不行州自推收過割一禁影剮
裁除糧額者俱照
舊制治以重罪已經□擬選
准刑榜通行曉諭夫役令給事中部議等所奏
要將杳有前項情弊用數說奇者書數次官
分給小民佃種戶口漏報者從重治罪府州
縣正官不行用心查審致有前弊者降級調
用等門本並查有謗例禁革難再別議合無
仍行各該可府州將青落提調造冊官員將
所奏求情照依先人事理嚴加禁革中間如
與榜例有碍仍照掠例施行務在販籍清切

宿弊法除奏
奉旨准議
弘治四年凡一條
奏
議發各戶帖文先年造冊之時有將丁口濫報成稅糧詭寄戶籍冊稅書並先行衙開緣由自首本管州縣申詳合干府者對州同明白改正免罪其官吏里書六等加有通同作弊與例開罪造冊完日州各計人戶若干填寫前次各一該發開年戶并填委官里書人役姓名所于任蓋申送司府知會給發名戶糧糧爾仿知木戶差管轄收開除實才丁共各若干悉此縣據冊差下次造冊各戶出數繳陳開報以爲遵造

後湖志卷之六

事例三

弘治五年 凡一條

六月南京戶科給事中楊廉奏

准爲黃冊事參曰竊見直隸永平府灤州知州潘[illegible]欲抄後湖黃冊軍籍以便清軍兵部轉行南京戶部令與臣科冊官計議是盖以版圖重事而戶部欲博采與論也既而南京戶部議得抄冊便臣議得抄冊不便甲可乙否不得不言夫以爲抄冊便者不過謂天下司府州縣多無遠年籍冊一至清軍之時止憑里胥供報其至轉赴後湖查冊中間不無往復豈若將後湖之冊抄其軍籍俾在在有之而用以清軍之爲便哉此則該部

之說與潘潞所見畧同也然臣以爲此說若
行不惟無益於事而且有意外之患臣請先
言其患而後言其所以無益者仰惟
祖宗舊例藏册後湖法禁嚴重不許諸人窺伺
其深謀遠慮固非一端至於今日各處遠年
之册多無而軍民戶籍大勢不敢紊亂者議
籍總册之獨全於後湖也今者一旦令其移
慮使人湖知後湖之虞實則戶籍之紊亂將
有不可勝言者矣何者使後湖之册全則抄
之乎廣可維是見今如永樂年間之册已不
全十之一□如洪武年間之將已不全千之
四五如此而聚六人下後人知其鄉其里之
無册則向之所擢求系足有不足權安將杞
以民籍軍書背以獄其告訂而與籍作民者
往拜遂其紅計行年之籍由此紛然而不定
矣此臣所謂意外之患者此也至共人之脱
軍作民音其名字定是畝與其都閣多是雜
出君止據軍戶執以清軍口共人汝祖也皷

將曰我自方部名字不同也其漁沒籍也涉
將曰我自有籍軍民不同也係別不同也者
是果何以辨之辨之之術須從其民戶而查
之殼如其人之先誠於洪武二十四年從軍
則二十四年戶為新立冬歲於永樂元年貼
軍則元年戶為新之冬而文查其冊載自何
而推帳則或軍戒民所了六失他而名字之
不同部剛之有異不詭也臣在湖舊冊比遇
各處來查軍民戶籍悉以此洪行之妄謂少
得明行令若止抄冊冊軍據宋皆何所悉而
以為清軍哉此臣所謂照稽者足也伏望
聖明下臣所言
勅該衙門計議果見抄冊之紛繇兹而決有所
宮則為然止之不使虛費紙筆而別生事端
也抑臣係管冊官貝凡有刪於黃附者承併
言之臣看得洪武十四年二十四年黃冊軍
院里甲限深所任定冊之祖存黃存於後湖
而為天下之所必責而二年冊庫每年止有

一十七冊其次如永樂元年之冊亦爲緊要
而是年冊庫止有一十餘間較之永樂十年
以後冊庫每年三十潤大約少去一半以致
數來之冊堆滿庫內務遇曬驗揭查最爲不
便爲今之計宜添洪武等年永樂元年冊庫
以足三十間之數務使數年之冊稽架薄堆
則曬晾出在二各供使自然可以閱整之途
矣否則所謂冊之租者日就損壞非臣之所
忍許也伏望
聖明下臣所言
勅該衙門計議儻有可采但乞
明施行各
旨卉該衙門知道到九月戶部尚書謹洪等覆
題看得給事中抄無奏補抄照不便及要添
造冊中二事除添造開庫行移工部移行外
所據抄冊不便一餘按等議得本官奏補也
今洪武永樂年閏冊編多有浥爛若使懸之
於天下恐以只爲軍流軍作民者紛然而不

定以爲有意外之患是誠有此也及建止據軍戶執以清軍則凡人之改換名字匿出籍亂者皆無以揣之以爲無益是誠無益也今爲無益之舉而反貽意外之患則抄冊之不便也明矣合無
准其所言本部行移南京戶部轉行管冊官員今後後湖黃冊不許將冊發州縣令其查抄果一戶二戶軍民籍冊不明解人前來該查者止許查抄本戶的根軍民丁產來歷明白所便發回亦不許因而帶抄別戶以滋事擾如此則奸弊無從而生戶籍自然不亂矣次日奉
聖旨是

弘治六年 凡三條

南京戶部廣西司主事鄧琛奏

擬爲晒晾事切惟

太祖高皇帝藏冊後湖深謀遠慮盡善盡美則

聖祖承法制愈備杏何決立於前事融於後以

致黃冊浥爛抽試奸弊非一臣係管冊官員

備有官見不容緘默條陳數事其中一二雖

□土木之工實無窮之益伏望

皇上俯念臣言儻有可采乞

勅該部施行奉

聖旨該部看了來說四月二十日戶部尚書謨

洪等覆題看得上事都察奏副都御史黃冊等

事內除鋪御史所附庫壁

請給關防定奪見諫四件移咨兵工二部另

行外今辦本部恩議半件逮一判欽關立前

什□□□□□管冊官自舊利每五日一

次謂湖所所計內查各處軍民籍冊通封內

外等門回遂之後風所閱作報滿黃冊年庫

人役無出知登及至啟查得出通架起

題奏合設官員專遇[illegible]侯[illegible]奏與
委官輪流巡視宮欽日逐開閘存留[illegible]有餘
漏壞即修整聽候[illegible]防閑備[illegible]行付
[illegible]
生[illegible]吏[illegible]中正吏[illegible]人[illegible]
[illegible]
言難什[illegible]
魚辨允[illegible]人[illegible]
隊敝稅廣嚴自在仕直來民人等內一魚[illegible]
在分末充合取巡倘守夜不分[illegible]無一[illegible]
令該爲可稠民[illegible]實號之貴[illegible]一
透走水透出別法[illegible]貴[illegible]
置於無用言也合人至[illegible]戶部轉
行處[illegible]有上江湖戶口[illegible]民收
所以備將理閘庫等件[illegible]民人
等於界乎件內會聚茶力許[illegible]庫
實遞蒙分湖績貢附菜軍民人等籍來困而
有問湖庫如蒙之

後湖志　卷之六　四　廿四

勅該部行令督撫官兵悉將[illegible]到進[illegible]除去以
凡不[illegible]並得受[illegible]之後不收羨[illegible]則力魚冊
[illegible]利令主事部[illegible]高從進[illegible]魚冊
變更多[illegible]倚以倚管部等用事冊[illegible]現[illegible]科
官費有科故[illegible]等項良役諳言并役現[illegible]刑[illegible]
自廉開人不[illegible]而頁民人等見魚透出
丘外未無[illegible]取[illegible]員不許透內界外一
[illegible]況分[illegible]十[illegible]合該本部清查南京兵部
[illegible]令[illegible]清戶兵余[illegible]今後弟民人等[illegible]
後[illegible]界內[illegible]外取色[illegible]不許人生事
[illegible]所[illegible]有[illegible]取
國[illegible]
[illegible]
[illegible]人役造
[illegible]行[illegible]留
[illegible]外[illegible]命
[illegible]戶[illegible]已
具[illegible]以本戶田[illegible]中州

內有沙京廠蔵如蒙乞
該部轉行天下司府州縣令後軍民告査蕉
冊務在備開都圖保結文細姓名仍行管冊
官員亦勘東文若有不開部閣等項者害究
査冊人巴姓名戶籍將後湖遞年黃冊迹挨
査州其紙[illegible]一總[illegible]究處使人知
査冊可査

二前備

有行造[illegible]之制以部閣
保結冠拾冊[illegible]所以便檢閱以[illegible]也[illegible]各
司府州縣來文不行[illegible]料轉[illegible]民[illegible]公
無本部遞行天下[illegible]府[illegible]原人役軍民告査
籍冊務要備開都圖保祇原根戶姓名仍
行南京戶部轉行管冊官員查都米文若有
伏所藤[illegible]不閉者聽管冊官員察究治罪如

一件備開部圖

其湖人知警冊籍冊可查矣
駁後黃冊當查得先該

又備照後冊

差司禮監太監何具題後湖遠年黃冊內
遂年事例查訖尾由語俱無不知是何府
洲縣者甚多今後但遇大造黃冊仍於冊內

節部圖里之上俱要書填某府州縣備後冊
由俱壞易爲查考等因題該南京吏科署管
黃冊給事中邵誠與臣俱各奏一同前事俱蒙
准是今天下解到弘治五年黃冊俱照新例
鄉都圖里之上開寫府州縣開行一二如上
隸太平等府當塗等縣黃冊不開別府州縣已
行設圖改造緣由成化十八年分改造黃冊
蒙江寧布政司杭州等府海寧等縣經今一
年尚未解到臣除會本另
奏准咨得先今驗四弘治五年黃冊誠恐仍前
駁將如蒙乞
敕該部轉行南京戶部遂一查照弘治五年駁
回不開府縣黃冊俱限弘治六年終解送後
冊查考以憑治罪使並前經查得本官已
會同南京戶科管冊給事中楊廉具奏
奏前事臣等切詳十年一次大造中間前差錯
駁回者即當改正攢補係已定
聖旨准令浙江海寧縣成化十八年分造黃冊經

今十年尚未解補其爲悞事莫此爲甚水官
又慮弘治五年駁回直隷當塗等縣不開府
縣黃冊仍前遲悞一節最爲切要所據其事
官吏人等仍本當參究但係
天赦以前今無本部行移南京戶部通查成化
十八年并今弘治五年二次駁回黃冊俱參
南京都察院轉行各處巡按御史看詳各該
司府州縣官吏速將駁回事理逐一改正再
造定限弘治七年以前俱解後湖收查行來
本部知會如再仍前悞事聽管冊官查參究
問若所司已起解而差來人役在途就悞者
先將差來人役就彼參問雖有在途文憑一
例不准奉
聖旨准擬

五月琛奏

准取撥皂隷琛請覈取撥皂隷奉

聖旨該部看了來說初三日兵部覆題看得本
官亦係京差官員但該司直聽皇隸額設止
有四名若再分撥役使不數況南京六部科
道委官既各取撥上元江寧二縣皇隸本官
欽與事體相同合無本部行移南京兵部轉
行應天府着落上元江寧二縣就發後湖管
冊給事中事例量撥皇隸二名與本官跟用
仍嚴加禁革姦人不許包攬作弊奏
聖旨是

十月南京戶部奏

請爲坐委官員取撥監生清理黃冊事內開據
廣西清吏司案呈弘治五年天下有司并土官衙門
攢造賦役黃冊將完欲照[illegible]年奏
清理黃冊事例差官生人等過湖前查但人
舊廣西潯州梧州柳城等縣黃冊尚未解到欲

鉄允川查理不無遺悮案呈到部臣等切惟
人戶以籍為定仰惟
祖宗著令每十年一次攢造黃冊又慮所司
筭人等飛挽走數作弊多端乃差給事中御
史部屬官員赴湖清查理其法至為詳審
奈何近年承委各官因循多怠忽各執已偏其
於理沒冊務等項清冊十無一二略及因而
虛應故事行有之以弊歸清查及又於得
南京內丁監坐監監生數少上年難詮
奏取八百名吏查冊之數或下及一二百名
今照前例合行委官過湖清理黃冊如蒙乞
勅該衙門行移南京都察院照例選差御
史員南京該科委給事中一員本部相應
員外郎主事二員與管冊主事共四員如選
委官事故各衙門掌印開該科隨即差官補
替仍行南京國子監實取監生二三五十名
俱自過湖日為始各該委官務在同心協謀
關防嚴察分投查審參毋致偏枉但選冊內飛

狼走從裡沒收寄遊重就輕變亂版籍等項
備將違一緊有逃究問事姦弊合用洪給飯
下家火與諸押解房班遍派討受物料人匠
做成應夫恐聽委去各官書吏帶做幹行南
京刑工二部南京國子監及應天府抽稅司
上元江寧二縣等衙門期前呈取所係查畢
備將欽出一聽好辦行過事晴經自造冊
奏燬冊青冊下送部查覆行緊本部將查
北先次行發回修造黃冊經今十年之上
不曾造報者限今年十月初一日以後黃冊
不刊者行川府州縣經該官吏逐一查究參
行巡按御史按察司官嚴查提問罪發落
應奏
請旨從川具
奏定奪行令嚴限逆究餘詭戶使事務完結奏
聖旨該部知道一七日戶部題給行南京戶
部所奏要緊的內庶南京科道官拼本部屬
官會同清京國子監監生清查天下出司承

發守鑒造宋使黄開事理庭藝已紙罰癸
大垂濟詳審敘依所擬行移淅京都宏吃
賢閣選委老成兩史二員南京該科委給具
中一員南京戶部委員外郎主事三員科管
黄闕乇事共內員取擬淅京附了監監生三
百玉十名遇湖將酌項黄開照洲查理充去
官員務表至公聞與事加意於舊管旃後
開除實在項下樓舅出入揮移及飛速理後
甚容職漏戶口川報行以照作民達負補經
等賣情弊未到黄淵行備陸司一證查提完
日通行造開
奏緣幵造肯開一本送南京戶部查究聚造不
許各執已編致寮脈籍重事如遠責有所碍
加濁各官或有未故該衙門隨即差補合用
頒來物件幵脩理庫房計造湖船俱變例行
移各該倘門供應及先次駁回黄冊經令十
年不曾追報者幵今次黄冊自弘治六年十
月初
日以後到部者違限司府州縣

後湖志　卷之六　一八

會吏聽本部并南京戶部參行巡按御史將

奏司官變奏查提從公問罪發落應奏

請并住俸者變例施行奉

旨是

弘治十二年凡一條

五月雲南道監察御史史載德題

請清稽版闕參以慮闕附禮獻民數於王王拜清理版隱受之非細務也

國朝版附歸又命十十迭收架後湖以桂

覽則其差官清理於非走冊淡流寄等項

以查駁少行改造於此冊面上印一數字

遂為廢冊符改造之冊列都為止冊此舊

例也但改造之冊不後清查天下皆知來樂

作弊變豪良多變得成化十八年紙冊如士

隸京州府宜典縣五賢鄉二十九都第一甲

第一甲一戶謝得安為因以民作軍騎國[illegible]

造今本一改造一冊以除詐偽生弊改正以杜弊源
亞興等一十一戶俱可變亂山東布政司
戶縣明秀鄉九圖湖江甲王九住等三戶
因以嘘結戶作民戶等弊駁回改造今查一款
造冊內除王九作等收作外將湖字一款
十二戶俱行變亂以後治五年新冊駁回
亂不可勝言大抵亂該簡溜復
令駁改去後恐如是變亂則尊齊不一二十并
常十百異日改造開立爲正冊以後編冊張
此查對同者留異者駁異亂者爲異貞完者
莫仲也如參乞
勅該部轉行後湖將弘治五年該駁紙冊堆於
該戶下印一駁字仍收作正冊通行各處止
將所駁人戶冊籍改正類造總冊每一布政
司拜直隸一府少者一本本多者或二三
本造完送湖以後清查到有駁字處即將改
造總冊一對則是非明白矣若是者符而不
生籍定而不亂且省小民百倍之費而爲

後湖志　卷之[illegible]

國萬世之依矣奉
聖旨該衙門知道初十日戶部覆題看得爲
史載意題撥前項弊端冊處置事宜編遵
有弊查驗改正此圖舊例貶改之從尤須復
杳弊少可絕故本部先因杳驗之奏有再行
杳對無差方與交收之議已經通行但恐改
正之冊未完撥造之期復至新舊仍事
繁冊錢狀復查具精詳的確比之始杳之時
不無有開積年以來則開月驗是豈正之勢
冊俱無奸弊歲以多怨息久則因改理述
然也由是天下之史書逆知其弊凡有現以
堂視驗冊至日方略詳人以遂前日之詳以
爲他日之地者行之全御史黄甚造所
古高識有見於此合無依其所擬今部答
南京戶部通行天下將今次查驗文冊不必
通造止將所驗人戶冊籍改正造總冊無
一布政司行府州縣將一戶有冊外其餘開門少有一
二本後則三四本差人將戶南京戶部照詳差

後湖查冊官員□□查得無□□□□□□□□□備
行南京戶部各該司掌印官親詣會同各司
司印務蓋仍將改正過人戶數目□□□□□□節緣
由開寫冊頭副冊業本用印記以明□□食蓋□
乘機捏入混亂之弊其收□文冊混少書寫
不難合令有本改司有州去處造万本其□
或二十或三本各類送本部司各黄上司以
備參考本部仍備下次造冊之年行移查冊
官員但有查出合□□□□□□於本□下一印
駁字通將所駁緣由□□□□□正不必因一二
人戶遂廢一冊致復生弊□□□□□□洪武二
行其餘參照官吏等項事理悉□□□例十三
日奉
聖旨是

弘治十三年凡一條

令軍戶備造軍由凡攢造黄冊係軍戶者務備開其某戶某人及於某年月日

爲某事發充某衛所軍其有事
故等項亦備細開具以便查考
弘治十四年 凡一條
四月南京戶科給事中李瓚等奏
准爲清冊籍以端本源事奏曰□得監察御史□公勉仁題要考官前
去後謂□撿黃冊兵部覆題合無本部行移
戶部轉行[illegible]湖官冊各官備收到各處
洪武至人更黃[illegible]冊逐一查稽某府某縣見
在若干[illegible]冊開年分身[illegible]造成總冊
一本于立[illegible]代[illegible]際[illegible]北查監過有各
奏查辨軍役管[illegible]用[illegible]旨青如查
冊人役[illegible]編[illegible]移[illegible]造[illegible]冊[illegible]檢冊令
伏把作弊分川[illegible]於南京冊部見收同人
浙[illegible]內關領[illegible]行後應天府支給[illegible]
代[illegible]送用完門將造過數目等人奏繳

[illegible][illegible][illegible]欽此欽遵[illegible]者戶部轉行[illegible]事實[illegible]
先爲故違禁例以[illegible]弊端事南京戶部差[illegible]
外郎丞東八具已前前冊逐一辨驗清查遂
補裝訂買式底簿一百以十四本關寬由發
州縣拆成洪州兒在數[illegible]有無有屯州由無
開年分湖白沃部門訟殷湖收貯印乘貢監
主夫匠於湖湖工其佐弘治門年畢於以諮
九年用過南京戶汾貝併訢發綿宗蒸鹽[illegible]
兩析上元江寧二款割撰夫匠丁食叉買提
物料等須價銀不下一萸除兩其蘇夢貴未
帳悉擧見今黃冊完好底薄開救解數有無
明白正所謂一努汞逐其雨行詐於之期後
二三十年方可議及不然芳民傷財扶亨無
甚要之本官建言固為有理似不知從用意
晉遞年清查方完如蒙乙
戶部從長計議將御史公勉仁派無賈賦[illegible]
旦停止以免努費待後黃闈揹壞混學發[illegible]

與近年清過文簿不同方許具
奏聽朝清查再要後湖黃冊自洪武以來至王
統乍問始一清查置立總數底簿正從以簽
首至弘治四年又清查與在四五十年之引
令六壽六之期方方五年夬無甬清之理奏
聖旨必冥門知道二十四日戶部尚書府鐘等
翟[illegible]得南京戶科等爵門給事中等宮李
拱[illegible]稱發湖黃冊近年清查方完要將詣
也[illegible]仁所奏事例幣且停止以兔勞費甫
從湖黃冊損實混爛數多與近年清隱文[illegible]
不同方許具
奏要前清查一節誠爲有見合無准其[illegible]
聖旨
是

後湖志卷之七

事例四

弘治十六年 凡二條

正月，南京户科給事中張宦等奏：

准爲重版圖以固

國本事。奏曰：竊惟後湖所收洪武、永樂、宣德、正
統、景泰、天順、成化以至弘治等庫黃
天下黃冊，該載户籍事産，實係家
重務，億萬載無疆之根本也。仰惟
太祖高皇帝藏冊後湖，深謀遠慮，盡善盡美。
列聖相承，法制愈備，柰何法久於前，事弛於後。
歷年既久，風雨飄淋，庫房損壞，籍冊浥爛，暗
植根本緊要事情，莫切於此。臣管冊官員兩

有管見不容緘默謹將後開事情開坐具題

一二如蒙乞

劄付該部從公會議將臨期施行不致擾害甚幸

一該部知道二十六日戶部尚書倪謙等題

題看得南京戶部等衙門給事中等官張泰

等所奏事件除係工部掌行者合咨該部自處

行外合將本部合行事件查照議擬開立前

一件[illegible]分[illegible]乞

議部轉行南京戶部行令管糧官員如遇各

江等布政司并直隸府州縣大小衙門有責

要嚴令臨生吏人等行細看守如若有損不

該巡將解人員送門作行十六巡官照理

究發追該官吏照書人等照名不提到官理

[illegible]

一節合無本部行移南京戶部轉行管冊官員如遇各司府州縣辦判黃冊督令監生吏匠人等驗看果有紙張粉飾等項差來人役照例送法司問罪經該官吏里書人等行各該巡按御史查提問罪黃冊駁回務經另遣依限送繳候下次造報之年通行天下不許將粉飾紙張虛報如違從重問罪

黃冊過違限期之

勑該部轉行南京戶部通行各司查出弘治五年駁回未解黃冊數目轉行各該司府州縣巡按御史查提違限當該官吏人等到官依律問罪立限解補前來以發照諒與要該衛門原封送部解湖驗收以憑查對除去限者依律發參有仍前狥私作弊者不分官吏里書人等一體問擬充軍庶使人心知警奸弊可除前件看得給事中張官等奏稱弘治五年駁回四川等處收造黃冊經今數年尚未解到及冊無原封差錯尤甚皆是里書解人

六月吏科給事中徐昂題

乘機作弊要將官吏里書人等問擬充軍一
節據事論理委可憲治合無行移南京戶部
將先次驗出四川等處未經造到黃冊逐一
查出覆例徑行各故巡按御史按察司官將
提事經該官吏查提問罪究例發落立限解
備本部行通行天下司府州照及土官尚門
令該覈回改造黃冊自駁同改造之日爲始
除求欽之後定限半年以東造完用印固封
送赴南京戶部轉發後湖查對若再故違一
山一月季用仰封送者[illegible][illegible]官吏里書人等
賚提問罪仍聽違限日月什條滿日方許關
支若係解人在途遲延違限止將解人參送
法司問罪二十八日本
聖旨准
議

准爲重籍冊以懲奸弊事奏口竊照天下冊籍先經一時出辦不齊

而南直隸浙江江西湖廣福建四川山東廣西乃奸弊之至多者其差訛作弊人丁數目動累萬千因此未得早完及通類造冊畢日已越五乘催督行去追問改正另造往返之問又有數年則於後十年勒限相次而來卒雜沓罔遵冊官吏里書人等紛紛賣法肥己終則追非造冊天繇雜亂不無疎漏第以舉之遲緩焉耳此有識者之所痛恨而必欲亟加整治也如蒙乞

勅戶部作急移文前去南京戶部轉行各該管理後湖籍冊給事中等官務要用心將前項弊多去處先行如法查對果有差訛情弊開造明白每於一處或二處得完即便星馳差人齎

進立時追問改正另造其餘以次查對完此施行俟通完之日類造總冊前來復

命户部覆題看得吏科給事中徐昂題稱要將弊多去處先行查對追問改正另造一節具見今官除奸革弊至意合無准其所言二十一日奉

聖旨是

弘治十八年凡一條

三月初四日南京户科給事中李光翰等奏

爲清理黃冊事令後查冊臨生弊有以前放肆逞夫役痛恨害刻查無驗詐且頂名代替受越湖抗拒鈔求者許監臨科道部屬等後者查拿問罪行附衆證實不服官指實參送法司究問如律

正德五年凡四條

二月南京戶部尚書張潔南京戶科給事中

何亮等奏

准爲揭查黄冊宪出奸弊事叅畧曰後湖冊庫

民數登載所以法

禁嚴密正以防奸革弊今尚稽清既是典守

冊庫人役自合奉公守法都乃受賄作弊東

季三勝藤原籍官員吞謀平人産業又行設

計買寫籍人延滯公文未行來京稽遲庫匠

數寫籍冊似此奸弊罪難輕貸其餘干內人

犯供各有罪奉

聖旨法司知道十四日太子少保刑部尚書燕

左都御史洪鐘等覆題臣等叅看降南京戶

部尚書張濂等南京戶科等衙門給事中等

官何亮等各叅奏後湖晒冊庫匠役崔高景

清接受江西南昌府豐城縣民陳季三銀緒

商同餘出洪武二十四年永樂元年黄冊囊

查業數各款應毀等情比與該道查呈倫抄
先既後湖黃冊比擬盜
勅書不分首從皆斬事例情犯尤重況陳季三
故文陳貨先將布政司文冊改換致將增撤
得路收戶父丁奸諭習纂成風若不重加處
治無以警戒拼來況經各官查供明白事內
人犯已送南京刑部究問合無備咨該部會
同南京都察院大理寺通將一干人犯再行
研審無異照依律例擬將解人發附發落陳
季三高草青說實淙律與夾陳季三首級發
去江西布政司黃□章門首高景清首級示
發浙湖冊陣門首谷果令示衆李院仍出枷
榜大通行天下各布政司府州縣刊刻本榜
各於本處門首懸掛曉諭禁約貝蘇照明示
季二所告法救收戶既是社隊合行江西巡
按御史巨士昭照數鑑混總思明收戶管業
仍查究該布政司原替改換文冊官吏人等
畏周所白將文冊改正收架有罪人犯眩衛

謀撈覽例發落干礙應究官員參奏兵□問擬
行其該部又稱前事中間亮上事七款皆專
管理固難辭責但係各官自行覺察查得
出於例應合免罪奏
聖旨陳季三議蔽官司吞謀產業私逼債設
壞籍冊高景清職專典守受財作弊□□□核
處決各在本地方梟首示衆楊務成等提了
問該布政司原勑收掌文冊官吏人等前查
擬問了來說今後各府州縣衛所有冊後湖
查兼得的即有買囑擾亂情弊已後務要清
查明自斷賞
應得之人

九月南京戶科給事中何亮奏

准為大造賦役黃冊事奏用□□□□□□年例該天下司府州縣衛所
門十年一次攢造賦役黃冊照例□送南京戶
部轉送後湖委官清查以革姦弊該戶部尚書□□

期查照原定冊式并合行事例刊印謄圖差
人員夫各該司府州縣刊發所屬張掛曉諭
各該官吏里甲人等依式攢造俱限本年終
進呈已經通行遵依外臣等切思道里有遠
近文移有遲速戶門丁糧有繁簡官吏里書
有勤惰法制寬為嚴密人多習於玩愒以冀
黃冊造錄依限者少違限者多如弘治十五
年分攢造黃冊主官行巧避令八年之上節
經行攢滿前未到往復黃畢動經一年以致
請賫冊官小逕該月行堂完結不惟有畏發
命亦且號關職業若不先期申明嚴加禁諭誠
經役前玩法整過版籍遂江年久行賣清法
洪為未覺知豢乞
聖言部預將本部議定冊式并合行事例仍令
備查照事中張完奏行造冊不許移飾紙張
反各未盡事件逐一通查冊入冊內生內書
期差人賫去各該司府州刊給發所屬背[illegible]
依限造報務自正德七年正月為始至今[illegible]

該南京戶部呈尚書查照後湖委官清查
一本處巡按御史查究責成分巡分守等
官差落親臨比較監造等官獲行完批依限
晉即係勤慎催行覈勤違限者須係參畏當
即住廉經該吏等人集監併拘親守監責催
完報加比照法令嚴拘人知限惟事得行備
清查便益奉
旨該部知道三十[illegible]戶部覆題看得正德七
年天下有司土官衙門十年一次又該大造
號後黃冊令該給事中何亮等奏稱大造黃
冊在適要行先期查造原定冊式并合行事
件刊印榜圖徧大各該司府州刊發所屬曉
篇各該官吏里書人等依式揔造供限年終
呈并辦送南京戶部轉送後湖攷對謄帳委
官清查一節足見各官盡心職業合無依擬
照原定冊式并給事中張宦奏行事件照例
於該衙門承用紙劄人匠板片翻刊榜圖印
刷完備咨送差人給驛齎送各司府州依式

湖州各發所屬并卜官衙門張掛曉諭各該
掌印提調官員各要用心嚴督里書人等預
先演造冊開除新收各戶親供扣算明白
先算草冊開查對無差用潔白堅厚紙劄方造
正冊不許仍踏舊非任意飛詭理沒作弊查
對冊出從重治罪依期造完年終
呈解送南京戶部轉送後湖收查仍行都察
院轉行各該巡按御史責令分巡分守官員
嚴督比較依期造完解送如有遲悞就照參
事中何亮等所言事理究治以罪十月初三
日奉
聖旨是

九月亮等又題

為乞

撥醫以便應用事內稱額有聽收監生五十名辦事吏三十名庫匠七

勅　懇　覃　淬

十五名俱係常川在湖晒晾看守黃冊人役
五月一次過湖晒晾封鎖之後原信不通前
項人役偶遇患病無從醫療況後湖風氣瘴
濕未昧若遊在湖人後不諳則難免生寒虐
等病不能抱出以致不痊亦且恐誤晒晾責
事即等切恐無問人役清查之月少晒時之
川多　王事道所司勞　天恩尤宜均被伏
皇念國家版圖之重普推一視之同仁與
齊舉生之殘命乞將見今在湖晒晾甦生人
役照依清查黃冊事例件
該部轉行應天府撥給醫生二名暨帶藥餌
依期遵湖遇有監生人役患病隨即醫治療
薄普及而生命賴以全活晒晾不誤而冊籍
得以保護奉
旨該部知道二十七日戶部覆題看得給事
中何先題稱要吹清查黃冊之持題
事例於南京太醫院并應天府各縣醫士一
名隨帶藥餌依坱過湖遇有前項人役疾病

行注方

議仰調治一節既查有前例相應從給合無
本部移咨南京戸部轉行各該衙門查例擬
給令行次日奉
聖旨是
大小月亮等又題
准為清理黃冊事
臣等會同各該委官背同監
生將弘治十五年分天下行
司并土官衙門造報戸役黃冊逐一清查駁
出一應發弊造冊附緣差人奏繳通行轉發
與造衙門改正補造外令差得其行事例內
開分次查駁文冊不必遞造止將所駁人戸
其說改小類造總冊差人縣造前京戸部轉
送後湖查冊官處查劄無各湖□換赦改正
人開令後駁四改造冊首駁□以造之口
爲依除水程之外定宋半年以裏咨完用印
圖封送赴南京戸部轉發後湖查劄共那故
譴一日一月及不用印封送赤繳彭官吏里

書人等持照冊明曉違限日當堂繳
方許開支若係解人在途遷延違限止者
人參送決回問非文冊里書作弊多端不資
造黃冊紙劄等項須要原經里書自行備資
料價於民冊完日差定寫親送到州交割以
憑查對俱經通行遵依後各項等□□□□
最為嚴密人多習於玩愒文移稽遲駁若干有二
常即令陸續駁回文冊造報依限者十有二
三違限者十有七八罪雖遏革事合併嚴正其
不中明前例嚴加督併恐致輕脫故違遲延
年遠況正德七年攢造在選人今限終二冊承
完攢造之冊後至新舊相仍事務沉從冊本
造繁遠難查對如蒙乞
勑該部轉行都察院移文各處巡按御史責成
分巡分守等官通查前項事例照依開坐款
四文冊年月日期徵驗比較經該人員將原
驗文冊務要完款正查對完批違限不行
造報者就將經該人員住俸追併責限完報

如此應責成專所審京案矣奉
聖旨該部知道二十七日戶部覆題看得前[illegible]
堅造黃冊見行事例一責定限令各設官[illegible]
部乃故違遲延令新舊抵該尚不能完本[illegible]
系完但已經遇並合無本部務咨絲緊院[illegible]
門各該逐按兩文將後開數造黃冊未完[illegible]
府州縣經該掌郎官員除報暫行全文仍[illegible]
該道守照案官按諮嚴限造完對款段並[illegible]
門差人冬勘催若沂守广部冊送後冊管[illegible]
官與交按如用逆延應提問者徑自提問[illegible]
參奏者從自條
奏藏行次日奉
聖旨是

卷之七

後湖志卷之八

事例五

正德六年 凡二條

二月二十一日戶部題

准爲賦役黃冊事照得浙江等布政司順天應天二府并各府州縣該冊例該正德七年重造各處賦役黃冊傚照例將定到冊式并先分合行東併刊印榜文冊圖差人馳驛齎去各司府州縣翻刻給發所屬張掛照樣攢造依限進呈○一各州縣黃冊照依舊制不許團局攢造止將一戶定式刻印給發坊廂里保著令人戶自將本家人丁事產依式開供付與該管里長其里長將本戶并甲

首共一卜一戶丁産親供付与正德七年見
役里長其見後里長即將十里長親供丁産
共一百一十戶措做一處定作冊本送与本
管提調官其提調官吏將各戶親供北照弘
治十五年原冊舊管仔細查算如十年之内
有人口新増死亡田粮地畝開種買賣應該
發易過割者於各戶依除實在與下明白聲
護作數冊審查對別無亦錯仍發多里依式
騰寫完備還送本□擬調官疑類造總冊共
進呈□□府州縣文冊務要冉對捌同畀
㓂官史打□京人□取有故造圖□捏造利
敷害民及冊既成行行沈收或將□戶馬刊
如式無差冊本故行队林志州州人戶作弊
如戶籍以軍作民以民作申至於□宙亦久
系亂如出粮或損多收少或有招無收及小
類粗收來下則物爲然各戶排人銀粮如人
丁有將死作生行將老作少及有□柒漏報
不當差役以此弊端難以校弊共巡撫巡按

分巡分守等官務要用心察訪一切各弊及設法查對造冊　進呈司府州縣之評門各不同號併作弊人犯照例問以重罪下察措調官員一體參究以一排年里長行坐□合十五年冊內違論不許那移設有消乏之游於二百甲首戶推進丁撥多者補充告一百一十戶內有川包占許全戶充軍等項戶總者就於本里帶管寄人一丁以上或新竈分析人戶補藝如本四係帶管分析人戶許磚里多餘人戶數甫皆幸置亦鉄多條人戶亨許將人戶至少里□什併共里長并上中下三等人戶亦哭係冊維排不許更改中間果有尚丞事故即其緣由申違合下上司險其丁產從公定集昔歸併里分有浦剩人戶仍險附近外里分析多餘丁口輳附額造共死亡永事等真戶絕遺下田稅農系□□本半丁多田少人戶佃種徵收務要不失原額新增片亦要從實開報取有藏此隱漏埋沒者照

例處以重界口一各該州縣先作造冊官吏里書人等多有超同人戶作弊有將十歲以上幼男及分析丁多人戶俱作帶管畸零不亓分編同冊要丹里分戶少競免科差今次造冊務娶無豈北許一百一十戶人丁果係十歲以下或有年老殘疾單丁寡婦及外郡寄空納稅當差人民許作帶管畸畷其十歲以上男子并一應分析等項人口俱要綿入正圖且如十歲首編作正圖第十甲至弘治十七年應當甲首亡說二十歲其餘十一歲以下年亦要照依年分達近編併輪當甲首較有故違治以串罪[illegible]一各里人戶有父毋與六而兄弟各居者有先因子別而拓欠婿亍子長成而去爲另親者有先剛餘子乞炎義男背姪爲子今有親子而乞養子另居者今次造冊各居兄弟并另居女婿義男果停民戶人丁數多許令分析及出姪歸宗戌少亡戶籍俱要編入汇圖當差不許帶管若係

中匠等藉并有規避究[illegible]及各[illegible][illegible][illegible][illegible][illegible]
民戶其戶內人丁數少皆不許分析遷者治
罪。一文武官員吏與人等有[illegible]附[illegible]改調
充亡[illegible][illegible]事成道下[illegible][illegible][illegible][illegible]千[illegible][illegible][illegible][illegible]
任年文已成家業不守[illegible][illegible][illegible]已經[illegible][illegible][illegible]
入貫冊[illegible][illegible]定例不許[illegible]史外中明若有[illegible]
漏并續有[illegible]下[illegible]次[illegible][illegible]吏務要[illegible]文原[illegible]
官同武職官[illegible]亦要行[illegible][illegible][illegible]數[illegible]備所[illegible]
[illegible]別無詐付許[illegible][illegible][illegible][illegible][illegible][illegible][illegible][illegible]人正圖
甲[illegible]綜報當差仍於[illegible]下[illegible][illegible][illegible][illegible]原往不
址及[illegible]收籍綠由如[illegible][illegible][illegible][illegible][illegible]名色及任
行附藉者許所在管[illegible][illegible][illegible][illegible][illegible][illegible][illegible][illegible]行
當差隨住田產入官者[illegible][illegible][illegible][illegible][illegible][illegible][illegible]
遺下願四原籍見任所[illegible][illegible][illegible][illegible][illegible][illegible]去
知會一竈觀寺院已給度[illegible][illegible][illegible][illegible][illegible][illegible][illegible]
舊衙內有田隸[illegible]緣入[illegible][illegible][illegible][illegible][illegible][illegible][illegible]
差務要開寫某寺所[illegible][illegible][illegible][illegible][illegible][illegible][illegible][illegible]當
某年里長甲首無報者絹入帶管時[illegible]豈者

治罪○一各處流民在彼寄住年久置有田
產家業已行原籍照勘軍民匠竈等籍明自
是實各行戶与丁產盡數役官竈入工開見
重田沖已經丈量見數□依輕則起科及戶
內法□原籍貫址軍民匠當等戶及投籍□
由坊係外中閒或有住種年久及近有近稅
丁□人經於□□擧荒地不負起科者許於
令□立開生部作各該官司查□責民事□
行□□籍吉勘明白冬將已開種問民大□
之發聚□經小每教起奉□粮表二□三人
草一□□□黃一方正□八年審□□下作
十欽枚□得絲各□耕□遷□治□□戶畢
齋官河□不許開下耕□遠者□□長一賣
迷□□書□了多係甲去戶了身□□承戶
營定違同戶吏□它作帶北□負□可□世
而於也□□者有隱將了川而□方□□者
有改戶務而□沒軍所者有將州□那前債
後應當□有將送定寬冊而依行港狀者有

開過割田產索取財物者今次造冊書手許
十年里長於小民戶內派舉有行止精通書
算者應當委官嚴加提督禁革奸弊從實攢
造仍將司府州縣等衙門提調委官并里書
算手姓名貫址類造總冊一本繳部若有前
情以憑查提問罪其當該官吏等有仍恃故
違者一體究治〇一冊本大小行款須依式
依發去樣冊裝造其冊內字樣俱依頒本字
粗大真楷書寫各戶項下細開某府州縣某
坊都圖軍民等籍其冊本用厚紙爲殼面祖
大綿索裝定不許用糊丐表背附內紙赤不
許用粉飾恐惹虫蛀蠹一甲　進呈前京冊
一本并司府州縣等衙門總冊俱用黃紙爲
殼面其餘存留冊止用青紙爲殼面上寫司
府州縣等衙門并坊鄉都里分各目照式刊
印不許用紙浮帖以致改換失落違者治罪
〇一冊式內定去田地山塘房屋車船等項
款目有者依式開寫無者不必盡列若類州

縣都總舊管收除實在項下止開人丁事産
總數不必備開花名口一各州縣等衙門將
各里造完文冊再將各里人丁事産攢做一
處另造總冊一本於內分豁里分人丁事産
總數名若干本管正官首領官吏躬親磨算
查對相同於各里冊并總冊後開寫年月書
名畫字用使印仍赴本府提調正官首領官
吏亦要將各州縣造到文冊躬親檢閱磨算
停當本府亦另造總冊一本於內分豁各州
縣里[illegible]人丁事産總數各若干亦於各州縣
造到各項冊後一體開寫年月書名畫字用
使印信送隸府州就便委官一員齎領各州
縣從調造冊官并該吏親齎其布政司所轄
府州縣解到文冊躬親檢閱磨算訖仍亦另
造總冊一本於內分豁各府州縣里分人丁
事産總數各若干亦於各府州縣造到總冊
後填寫年月書名畫字用使印信委官一員
齎領各府州縣官吏親齎俱限正德七年終

進呈乃照舊例送南京戶部交納其各□司府州縣總冊并里書文冊各告一本送□查考若限□未到行移各處巡按御史就將承行官吏俱奏取供住俸問罪□□發落○一冊內係□□戶□務要□白開寫其戶丁人先於其□月屬其事問□其□□軍其有改調事□□□創與從悉尚具不許□號之署以致軍民選□有□□□一各處世族大家為因軍竈籍丁論四編派差役要得花分子戶避重就輕□□具狀世官告開戶籍買囑里書人等扶同□□□行以□□□差後靠損小民今次造冊分□□無□接官名行所臨司府州委堂上公□官一貝□所屬州縣先年文細遂一從公揭查知有此弊許今□許改正免其問罪歸併總戶隨產當差知有仍前通同作弊者事發巡撫巡按分守等官俱照律問從重問擬干礙□官□自參堤定問○一冊內收除項下務要明白開具

業戶田土者是消之於其年月日立券出賣
隨田稅糧即與開除不許勢家勒買以致地
者糧存其戶田土除原額填畝之外近於某
年月日又新舊若干應辦稅糧俱要致徵納
若冊內查有增減飛走理法等弊已經駁回
以正官仍要本部先年定擬事例將經該官
吏行巡按御史按察司官查提問罪其駁回
陂黃冊刑限水程外俱限半年以裏造完用
印回封送起南京戶部轉發後湖查對若限
外不到及不用印封送解人在途羈遲者
悉照例問擬次目奏
聖旨是

七月戶部又題

准為陳言黃冊利病等事內開本部尤為議擬賦役黃冊利弊先今
事例奏奉
欽依外今看得南京戶科給事中劉紘條陳五

件爲備造黃冊事雲南道監察御史李如圭
條陳二件一件爲重擬造以正賦役事稱諸榜文
但已該此開有一二或遺於係先年經久會
行事理并查如圭所言定派納以絕其漁條
見行事例再無議擬所據各言黃冊內開地
項畝不復開寫四至一節查得弘治十五年，
該都御史張敷華奏該本部題
准遵行外今各官論其不便乞要照舊攢造深
爲有見机應識與錄各官條陳前項黃冊等
事狀日新多無非欲清除宿弊推廣
朝廷爲民造福之意但所陳係榜文該載及節
有奏
准事例別無施行其冊籍冊內開地項畝不必
開寫四至蓋緣各官先在官司知其不便臣
等亦慮方今輿圖廣闊尺地寸壤皆有民業
若必拘四至如一圖里百家之產田畝已有四
至而百畝之中分爲數段又各有四至未免
供報紛紜書寫煩瑣委難的確且變賣交易

已新丹異勢不能齊或致姦豪之徒假手吏
胥開寫四至意圖各併大啓爭端是故華弊
而弊端甚也况洪武至今十年一造已經一無
十四大與無四至之法之初必有深意合無
條其疏通行各處撫巡按官員轉行所屬
府州縣今次攢造黃冊一應事產田地填寫
只照舊規式攢造不必開寫四至致開弊
端二十四日具題奉
聖旨是

正德七年

二月南京戶科給事中趙官題

准爲謹不虞以重版圖事伏惟

我

祖高皇帝定鼎金陵時天下之冊於後湖之
中洲既立法以爲之防復設官以司其事欲

爕有禁火獨有禁湖亦往放舟種往來者有
禁
列聖相承綜之理之其法嚴精維持防範至精
且嚴設億萬世不易之良規二百餘年來
各處冊籍類多散逸廢缺而後湖之冊獨全
是豈非
聖祖神宗英謨睿筭之所及乎然
懿訓之行千歲無弊而踵事補葺則因乎時前
事有得於所稽者尚視而不加之意焉恐未
克因循玩愒而非仰遵
宸憲之意也況臣以非才忝司其事偶有所見
豈容隱默謹爲
陛下陳之竊照洪武年間始造黃冊之時冊庫
設立於湖中看守人等造飯厨房置於本湖
之水次與冊庫相去約一里許雖不加防範
自無可虞此
祖宗設厨置厨以防煙火之意也自後每十年
一次造冊每次添造冊庫三十間而厨房之

制尚仿其蘇與成化十八年冊庫極去僅二
十餘步雖已屢加巡察然直突積新實有可
夏之移也良聞天下之事惡其患而於防之
兩業河久因其嚴的毀作之則功易成今前
瓦匠房歷年既久例塌數多亦應修理之將
也若不當特制宜遷後毀造萬一不慮後雖
退碍要守益就泛等行行本湖閘水荒淤亦
在湖之中央西旁皆水其地廣澗遷積成處
眞廣者應如象
道[illegible][illegible]也
行該部轄行南京工部差官踏湖會同臣等議
看所言兼湖之池是采相應即於彼處蓋造
厨房搭橋未次以供造飯人等往來立牌橋
遂以為住來人等皆訪故有將火遞橋將治
以重非如此然發堅火既遠而易解之庫承
無不虞之患矣將火延燒七年大造黃冊解
送至同例該行委監察御史等官會同臣等
附同監生三百五十名在湖密故送一清

原有查冊官廳號房等項房屋經今年久
淋滲漏梁柱朽桁既多朽爛甎瓦舊垣亦多
倒塌蔭遇查冊之時不惟難以措止抑且遮
耽悮事矣伏乞
聖明特
勅該部轉行南京工部將官生人等宿歇官廳
號房等項房屋添給木植甎瓦等料與舊料
相兼及時脩理誠爲省便十六日奉
旨該部知道四月初二日工部尚書李　等
覆題看得南京戶科給事中趙官奏稱要于
後湖叢洲之地盖造廚房搭橋亭踝以防火
患及將查冊官房脩理一節損重版圖計應
深遠但係彼中事情相應勘處合無本部該
咨南京工部行委堂上官一員帶領司屬官匠
作人等會同南京內外守備并戶部堂上官
及該科該道官官帶領欽天監官各一員前
去所奏去處從公相看如果相應修蓋就便
會官計料照依本官所擬如式改造修理工

先通開具
查考次日奉
旨是
用具
五月官等又題

為清理黃冊事臣等查得弘治十五年大造黃冊該先任管冊給事中何
竟等陸續查出埋沒飛走等項奸弊造冊
奏繳駁行該司府州縣與同欺弊造送湖致正
請於正德元年八月內該本官
奏駁回文冊遲速依限者十有一二違限者
十有八九非雖遇恭事洽改正備將駁回日
湖參奏該戶部覆題奉
欽依通行各該司府州縣將掌印官員俸糧曾
行住支仍行守巡等官依限造完送淮
交收如再違延應提問參奏書遲自提問參
奏臣等切照各該官員[illegible]

欽依事理依限造完解繳，以正欺弊。
一、黄冊里書人等，責令遵照前項
揭經今一年以上，夫造繳者多，而正之者未攻
限事莫甚為先，况今正德七年大造，
冊而前項駁冊尚未造繳，况正若新冊一到，
將何憑照以查對其奸弊乎？臣等聽得先年
南京吏科給事中□□等奏稱，令後駁造黄
冊俱要原經里書人等齎送□□差里書
親自送湖交割，以憑查對，再三□□道監察
御史史載德奏稱，今次查驗，久行不必通造
止南將所驗人户下，抽查總正查人解
送南京户部轉送查湖查對，無差明白，收繳。
欽此。改正是二條者，俱奉
依通行，蓋皆以版圖重務，必欲責其成效，皆
以事理考之，吹造之冊，里書親解者，不如
類造總解者之為便也。夫欲里書親解者，
以驗冊原經其手，便於查對故耳。然天下至
大，冊無至繁，必欲各自解繳，不惟往復人難

那且延緩悞事況雲貴川廣等處偏州僻縣程途窵遠或滯於山川之險阻或厄於盜賊之出沒責其里書一一解識甚難故今窔角一肖驅冊年久而全未緣報者未必非奧之由也爲今之計莫若通行各該司府責成掌印官將貲冊未造報者縣則責之於州於頭之於府府則類之於布政司直隸者類之於府於州嚴立限期務要齊足定限正德七年以裏者照區封差人齎送到部查對驗收正當州縣官員不行用心攢造仍有如前捏沒乘之差人折辯及違限不行查訂住行各該從按衙門提問如律干礙司府官員徑府參究庶法令嚴則人知警懼實爲便益

二十□只奉

聖旨該部知道

後湖志卷之八

後湖志卷之九

事例六

正德九年

九月南京刑科給事中史魯等題

准爲通融查冊費用以蘇民困事

題同[illegible]執覆
續奉准事

該門關劄後管後湖大查正德七年黃冊
惟後湖黃冊自洪武十四年起至正德上
止大造一十四次承平日久弊僞漸滋中
埋沒詭寄不明違例等項一不多於一次
年甚於十年牛毛繭絲不足以喻其蘩條
續析不足以語其勞歲月必須七八年賁
必得萬餘兩若不通融議處照舊循累[illegible]
則上元江寧二縣之民窮有孑遺矣且以

後湖志

一虔言之南直隷一十八府州自正德八[illegible]
一月查起至今年五月止除去寒暑[illegible]
外實查過一十二箇月駁出八戶除[illegible]
黃細故小過不勝駁寫外約有一十四[illegible]
戶冊一本戶部青冊一本南京戶部青冊[illegible]
後湖黃冊一本止在造寫聞其寫算人[illegible]
於上元江寧二縣僱募書手四十名每月[illegible]
食銀一兩五錢取及木支共用銀七百工[illegible]
十餘兩紙四萬八千張筆二千枝用墨一十[illegible]
共用銀十餘兩官七用監生一二百名心[illegible]
筆墨茶菓等項共用過銀一二十餘兩[illegible]
明夫四十名一名每月工食銀九錢共[illegible]
銀四百三十二兩修理工部獻[illegible]冊[illegible]
照歎續註各戶下舊冊前十[illegible]食[illegible]分
約用銀二百四十餘兩南直隷戶[illegible]
銀一千四百餘兩[illegible]銀[illegible]
又共均[illegible]正[illegible]

有額設庫匠[redacted]百八十名四季輪流看守上
元江寧二縣民窮財盡流移逃亡不忍其苦
毒矣若止後湖一處循可支持
內府各衙門人匠庫夫在京各衙門卷箱刑具
供應什物皂隸等項千緒萬端一隨取隨索故
天下州縣里長十年不遇一年一名末有三
年一輪一季用合至三四家如上元江寧縣
者也一應里甲物業蕩然可爲根本之地廂
哭流涕也坊廂弘治三年閏九月內戶部議
處清理後湖黃冊事者爲遠年放而不存奏
準將龍江鹽倉檢校批驗所見在收積鹽五十
四萬八千六百餘斤暫行變賣銀兩支給買
辦紙劄綿索此特權宜非經久可行之法也
臣等目擊其弊思欲救補不敢傳斂泛征必
取之於一本分之中求之於見成之內不擾一
人不科一夫而自足焉者也功性黃冊之弊
必本戶有規避里書有贓私而后成既驗之
後合于上司定行提問照依律例發落罰

紙價隨處寄庫作正支銷在一州縣則無多
爲濟幾何積衆州縣累一處何力可堅況在
京衙門如刷卷清軍紙價先儘本衙門造冊
支用遇蒙正德九年正月二十八日
赦旨至今不行改正亦有應得罪名紙價合無
自駁語青冊行各州縣爲始問擬應得罪名
其贓罰紙價各州類解南京戶部轉發應天
府寄庫後湖逐月支用同一應錢糧照制恭
宗如有不數仍行二縣轉補或有積餘盡南
京戶部奏
請脩理後湖起蓋冊庫等用各府州縣官那務
稍遷許南京戶部行各巡撫巡按攢催不誤
應用此臣等一得之見所[illegible]覺得一分則民
受一分之賜者也伏乞
皇上念南京根本之地小民困苦之極
勅令該部行各布政司及府州縣永爲遵中
凡係查冊項下銀兩不許擅用俱解南京戶
部以備後次大造之用實爲便益緣係通融

清查費用以蘇門困事理未敢一便正德十
年八月初二日該通政使司官於
奉天門奏奏
准該部知道欽此欽遵抄出刑科送司案查
查為故違禁例以幫弊端事該南京戶部尚
書黄　等題稱查冊取用辦事官吏監生合
類冊整木板修理查冊號房卷架供給散米
并舊油簾紙劄筆墨一逃物件等項要照成
化十八年大查黄冊事例轉行南京吏戶
該科部并刑部南京國子監應天府都稅司
該上江寧二縣等衙門所屬取用稱見收
實進遠年黄冊并所不存者大約共用銀四
萬五百餘兩本部查無應支官錢要將龍江
貝君檢校批驗所見在收積餘銀拾一四
三千六百餘斤暫行變賣銀兩轉發應天府
買辦紙劄綿索應用等因弘治三年閏
清查十六日本部具題奉
高皇帝聖旨是欽此已經欽遵外又查得南

京戶部尚書明題稱正德七年天下有司
造冊官衙門例該攢造賦役黃冊限本年中
勅該南京戶部轉送後湖收架正德八年候
造完黃冊得完照依上年奏
該所管黃冊事例差委南京管冊給事中一員
都察院御史二員戶部員外郎主事四員南京
國子監貲撥監生三百五十名過湖清理合
用紫木器物等件及修理房屋船隻撥料人
工行移刑工二部南京國子監應天府都
察院七府元江寧二縣等衙門酌量取用等因
正德七年七月二十一日題奉
聖旨該衙門知道欽此該本部覆題查冊差南
京戶科并戶部各委官員取撥監生過湖清查黃
冊并取紙劄筆墨供給柴米等項事件俱係
舊例合行南京戶部等衙門悉照舊例欽十
查行等因正德八年八月初三日本部尚
黃等具題奉
聖旨是欽此俱經通行十遵去後今該前因

查宗呈到部看得□京刑科給事中□□□史□等奏稱接管後湖大查正德七年黃冊費用銀兩數多若不通融議處不免獨累上元□等二縣之民且以南京一十八府州言之自正德八年十一月查至今年□月□□大寒盛暑外實查過一十二箇月上元江寧二縣雇募書手及工食紙筆硃墨監生人等共柴炭藥等項通共用銀一千四百餘兩乞要今後自□詳青冊行各州縣為始將周□吏人等贓罰紙價各府類解南京戶部轉發應天府收貯聽役湖逐月支用加有不敷仍令二縣補解一節為照南京後湖大造黃冊其監生書手并擡冊人役等項工食雇覓紙筆心紅柴炭藥物等項俱要用銀收買應用日逐所費積之以年其數頗多且如查南直隸府州一處黃冊方及一年已用過一千四百餘兩若以比直隸浙江等十三布政司計之所費銀兩當至萬有餘兩若只令上元江

寧出辦委實民力不堪今要將開過各司府
州縣官吏書手里老人等各項受與作弊及
差錯違錯贓罰銀兩各府類解南京戶部發
行收斷聽後湖陸續支用蓋本以查冊之事
還供大查之用撥之事體貨爲相應且有以
小紆上元江寧二縣之急合無依其所奏本
部通行南北直隸并浙江等處各該巡撫巡
按衙門轉行所屬司府州縣自文書到日即
查本處但有縣贓語青冊追問遇官吏人等
贓罰紙價銀俱各解送本府通行煎銷成錠
印封具札申差人徑解南京戶部交割支用
不許隱瀆侵匿以後并過大查之年率以為
常一體辦送仍行將令次所餘滋銀兩緣由
甲奏部查考施係通融查冊費用以蘇民自
及奏
欽依該部知道事理未敢擅便正德十年八月
十一日本部尚書石等具題本月十三日奉
聖旨該戶科爲照出例行欽冊欽遵

正德十二年 凡一條

四月南京戶科等衙門給事中等官臣易瓚

等題

准爲清理黃冊比例准歷以均勞逸事 題因臣等後南

京國子監監生曹鵬等呈正德十二年二月

十六日蒙本監札按送後湖查理黃冊自應差月

以來每人五月領冊二尺其間論將逐節不

明等弊逐一駁查如有駁查欠詳抑或欠精不

省輕則責罰重則送問諸生既承差委因不

竭盡心力費圖補報竊念過湖監生春自二

月中起至五月中止秋自八月中起至十一

月中止湖居三月過閏不許白晝嚴鎖各號

不容出入責督黑黎一室不見煙火晴熱苦

寒並無休息加以湖障襲人濕氣侵膚致表

者十常八九幸免者百無一二近日監生與
夙病歿糊上號暴染之於中日實出感發於
一時暴露數日直待開湖方得裝回因不傷
心諸生過湖數如蹈湯火勞苦萬狀不能盡述
此皆分所當爲何敢辭勞但有事體相同而
勞逸不均者不得不鳴思得再三年一次該
京畿道御史照刷南京各衙門文卷取監
生一百名用功止及三月之勞就作歷事去
年南京兵科等衙門清查陳言軍冊取撥監
生一千五百名比例具奏亦蒙准作實歷令思
後湖黃冊
朝廷版圖户籍頭緒繁多法禁嚴密比之前二
項卷冊事體雖同而關係尤重歲勞均一而
未皆酬懸彼俱准歷此作短差情實不堪如
蒙乞查照具
奏將各生准作歷事庶使勞逸均平情法允當
等因具呈臣等卷查先爲清理黃冊事該南
京户部奏稱正德七年大查黃冊照例行移

後湖志

卷之七

[illegible]
吏上一貝六部受十信什外戶士事[illegible]六
管冊手事一員具四頁行南京改千[illegible]
監生三百五十名忠阿遇湖請貴務受名索
公心逐一查發以革換帶等與尸部糞洲華
壓
貢是欽此於遺備行到滿遥行欽建衣漫追
德十一年二月十六日雀南京門千盍門英
監生唐隨等三首一十大名龍東際背村去
對外令擾前式皂等查得存會賣理貴時代
獄當生八自名佐職關內舞山易查人無貫
票近年雖取監生二百五卡名其寶遣明止
有二百餘名而冊內添所百所於圖令查冊
八火不免嚴加責限少有斷忌必行孫流際
賦書邪寒不得休息往往得報且本擲革下
繁多水氣役遞疾病易生人背畏羅比之剛
差其爲勞若精甚究前貢文冊己越互年尚
未查究一牛論由開多人火平難宛譜若不
早爲覆買覆無乘免遷匙罪亦人崇个堪及
照照刑文參舞請查陳言軍開縣小俱進壓
事清查黄冊比與相同如象伏望

六十七

六百三

[illegible]

皇上念[illegible]之重務清監生之勤并[illegible]恭并庸
勅該部議[illegible]無時速衙監生其照例恭并請
省陳言軍兩事[illegible]查理黃冊三箇月講日催作實
歷事三箇月其[illegible]冊各衙門歷事撥補完
日該部上[illegible]具故回原籍聽用如此則
務速通均人心悅服而事功亦可底矣奉
旨該部知道[illegible]部覆題[illegible]得南京戶科等衙
門給事中等官[illegible]易請[illegible]
奏要[illegible]通三[illegible]理黃冊[illegible]監生三箇月滿日准歷
事[illegible]三箇月其[illegible]月於各衙門歷
行[illegible]送[illegible]部上[illegible]引[illegible]何繕[illegible]用一
事[illegible]部理合[illegible]所[illegible]行發
部[illegible]情[illegible]照[illegible]行[illegible]理黃冊比
衙京各[illegible]照奉
衙門自在以均[illegible]麦奉
該部知道[illegible]理未[illegible]禮[illegible]正[illegible]十二年五
月三[illegible]太保本部尚書[illegible]等具題
六月[illegible]二[illegible]太
聖旨是欽此欽[illegible]合通行為此合咨前去煩
照本部題奉
依內事理轉行各該衙門一體欽遵施行
合咨

正德十四年凡二條

五月南京戶科等衙門給事中等官臣易瓚

等謹

奏為清理黃冊事參准本衙門關劄前事先該南京戶部奏該催南京戶科等衙門給事中等官趙官等奏本開稱正德七年天下有司并土官衙門續造賦役黃冊陸續解到例該查理看得各處實冊人等冊知法度作弊多端乞

勑該衙門行移南京都察院照例選差御史二員該科給事中一員本部委相應員外郎主事三員與管冊主事共四員仍行南京國子監嘗取監生三百五十名照例過湖清理各該委官督同監生務要各秉公心逐一駁查以革姦弊等因奉

聖旨該衙門知道欽此正德八年八月初三日
戶部尚書王瓊等覆題本月初五日奉
聖旨是欽此欽遵備行前來案照先該給事中
徐昂題內一欵一件重籍冊以懲姦式事開稱天
下黃冊浩繁一時查對不周而南直隸浙江
江內湖廣福建四川廣東廣西乃姦弊之至
甚者其差訛作弊人戶數目動盈萬千因此
末覆畢覺通類造冊舉月巳越五年有餘衍
去旦門陳正分造駁返之閒又有數年則奧
新吋併攻而奏姦難作對乞
戶部棧文咨京戶部轉行各該管冊官員齎
廟晒弊多去處克行查對果不在故作弊冊
鹽齎向開造鋼於一蹤處二處得完即便差人齎
進立時追問取正僞道完之日如違照冊前來
復
爺等因該戶部依擬覆題奉
孝宗皇帝聖旨是欽此欽遵外依奉背冊照

流造冊等將順天應天二府并南北直隸及浙江等十三布政使司正德七年分賦役黃冊逐一駁查中間埋沒詭寄等項姦弊已經陸續備造駁語文冊具本隨差辦事官吏齎
奏繳報外今照清查事完例該復
命爲此今將清查過順天應天二府并南北直隸及浙江等十三布政使司查出合問經該官吏里書人等并在戶口事產田糧等項數目開坐并辦造總冊具本親齎繳謹具奏
進
聞

七月瓚等又題

准爲明事例嚴駁冊以重版圖事照得臣等依例督同監生過湖將天下司府州縣等衙門造到正德十年分賦役黃冊逐一清查駁出埋沒飛走等

項一款弊類造文冊陸續

奏繳及造青冊等發原造衙門各照依先年奏

行事理不必通造止將所駁人戶葦說改正

類造總冊自駁回改造之月爲始除水程之

外定限半年以裏造完冊印固封送部轉發

後湖查對若再故違一日一月及不用印固

封者經該官吏里書人等查提問罪仍照違

限月日住俸滿日方許開支去後今照前項

擊有經三年之上者有至二年之上者百

無一冊二解到臣等竊惟法令雖重人多視爲

之常期限雖嚴年久習於玩愒各該司府州

縣掌印等官門停上緊督催以致里書人等

忽意遷延不行依限造繳若不申明嚴加督

所誠恐改正之冊未完續造之冊繼至不惟

書冊壅以滋弊抑且新冊遲悞何以查理乎如

蒙乞

勅該部通行各該巡撫巡按責成司州掌印幷

分巡分守等官即將駁去黃冊親臨以核經

該人員應提問者就便提問問應出[illegible]舉覺[illegible]
并修嚴限追究川印圖冊送委的當人待[illegible]
繳到湖仍將各解的親家[illegible]盤[illegible]批[illegible]
日方許哄放閧支如此則責任歸[illegible]專[illegible]
濟而無愆延之弊矣奉
聖旨該衙門知道

正德十五年 凡九條

五月南京戶科給事中易瓚題

准爲量添曬晾人匠以全版籍事照得天下司府州縣所
官衙門每十年一次大造賦役黃冊解送南
京戶部轉送後湖收貯恐其久而蟲蠹侵蝕
虫蛀浥爛先年奏
准應天府上元江寧等六縣僉送匠七十五
名晝夜在湖巡警以防火燭爲每五日將各庫
黃冊照數搬出曬晾開翻復始補填舊版圖

匱萬年不易之良法也彼時冊籍數少曠[illegible]
易於周徧後每十年大造一次添蓋庫房三
十問自洪武十四年起至正德七年止已大
迄過黃冊一十四次見作庫房二百八十三
問今要正德十七年該大造黃冊之期又諸
咏蓋所房三十間前後共四萬一十三間各
庫後貯黃冊一百五萬餘本每五日一次鑽
稟約曠黃冊七丨臣百本必至二年有諸坊
寨經曠一編藏曠日期總有除兩前項庫匠
或前病疾興文不及斯數日能段出入倉卒
㭊雨人小冊多知以不晴捐當未免有錯亂
損傳之患膺兆遠年斷籍內有方乞不全色
撕史並本必不山於此庇懇被憂避計替不
因時制宜豈添庫匠該法驗縣非藏以黃重
版圖之道也如紫乞
該部詳添合無杏架見在冊庫身驛二聞丰
庫匠一名看守曠府州四百一十三聞該
庫匠一百六名除應天府縣照巳有七十

五名外尚該庫匠一百三十一名除浴南京
戶部轉行南直隸巡撫按御史於州近大半
鎮江寧國常州等四府所屬州縣計共半分
多寡分派僉充務足前數一年一換每年輪
先解送到湖更替聽管所官員附并揀閱稽
令監生率領依期分勸曬晾務使有庫黃冊
每年經曬二次以後年分與庫加增內有事
故隨即僉補如此則曬晾有人冊無損壞誠
慎重版圖之端也緣係量添曬晾人匠以
全版籍事理未敢擅便為此具本詣通政使
司官奏奉
聖旨該部知道欽此欽遵抄出送司案呈到部
看得給事中易瓚題稱南京後湖原僉庫匠
七十五名每十年大造黃冊一次至今添蓋
庫房三百八十三間今正德十七年該造之
湖又添庫房三十間前後四百一十三間收
圻黃冊一百三萬餘本每五日一次曬晾必
至二年有餘方纔經曬一遍輪移出入人少

刪多要行南京戶部轉行直隸太平寧府僉
充庫匠一百三十一名看守曠瞭一節無非
慎重版圖用圖經久免致浥爛之意但版圖
收貯已非一年夫役名數亦是舊額今若一
旦驟添大半恐紓該府縣添派不敷反為勞
擾除原有七十五名與舊應役外合無俟
命下本部移咨南京戶部轉行直隸巡撫都御
史自正德十七年起每遇大造之年添蓋庫
房十間分僉庫匠十名從起後將聽管理
叅中中府役而量派揆脈晾未爭究兇如年
就久達應八一府僉派不數巡無酌門其酌
社雜道府縣僉派聽役麻中休追宜官民無
擾緣係量添贓係人匠以仐恢稽次奉
欽依該部知道事理未敢擅便正德十九年六
月十六日該戶部尚書楊　等具題本月十
八日奉
聖旨是

六月瓚等又題

准爲優限大造黃冊以杜姦弊以便清查事仰惟

祖宗立法定制凡天下戶口事產皆以籍冊爲

定每十年攢造一次定限當年終解送到湖

南京戶部先期奏行給事中御史主事等官

七員行取南京國子監監生三百五十名逐

一查對備將查出變亂埋沒飛走詭寄等項

姦弊造冊

奏繳及備由通行原造衙門對款盤詰送湖改

正仍將經該官吏里書問罪條例詳悉法禁

嚴重行之萬世而不可易良法美意無以加

矣奈何例愈重而人愈玩法益嚴而弊益生

之過限數年造到者有之姦弊倍於往昔者有

之蓋因各司府州縣提調監造等官貪圖賄

爲者輕視或圖不行用心督理以致吏書里

老人等通同作弊恣意遲延如正德七年黃冊

已越六年方纔解完其間變亂戶籍埋沒軍
匠飛詭田糧等項姦弊比之弘治年間以前
更增數倍雖經駁行改正未免往逐頻勞不
勝其擾今照正德十七年又該天下司府州
縣奸士官商門大造賦役黃冊之期各項事
衙戶部先期必俱通行曉諭但天下造冊商
門道里有遠近文移有遲速丁權有繁簡官
吏里書胥動賠告不先行申明嚴加禁治議
恐查業管吏里書人等不敢驗圖為重仍前
州稽怠玩作弊遷延深為未便如蒙乞
勅戶部合無預將本部原定冊式及備查歷年
以來各刑奏
准事例通行刊入榜內毋致遺漏先行差人齎
奉各該司府翻刊給發所屬州縣照造冊選
委秉公正年力精銳官員率管其事務該司
府州縣掌印官時常提調仍行各處巡按御
史嚴督分巡分守等官親詣比較文書到日
即令里書先將正德七年以正實在與冊赴

騰交與監造官員收掌以爲今次[illegible][illegible][illegible]取
各戶親臨依式攢造照依湖本字樣以接洸
改並不許仍用粉飾紙張[illegible]長故過亦不並
蓋委貪[illegible]無爲裒老官管理其[illegible]枯有[illegible]異
豪戶或曾詭寄用地飛走[illegible][illegible][illegible]沒[illegible]所貯
漏丁口或將里甲那移應當等項無弊許令
自首改正故免問罪各於收除項下明自賞
說以便查對務自正德十[illegible]年正月爲始平
悉爲止用印巳封
進呈弁解南京戶部悖從後湖收查若貝調監
造官員有能依限解緣獲有批迴量加將滷
具
奏陸擺過限不完者即將俸糧由支仍行[illegible][illegible]
經該里書人等監併的親家屬責限完報如
單則官有懲勸之典人有自新之路姦弊場
於杜華冊籍得以早完而清[illegible]亦不致於能
懸歲月矣等因具本該通政使司官奏奉
聖旨戶部知道欽此欽遵送司案查先於正德

七年天下有司行上官衙門大造底從黃冊該漕運都御史張數準奏爲公務事內一件重籍冊要將該尔点後黃冊造行天下司府州縣督所屬各該掌印官員用心從實清理其田地稅糧過割須故坐落西至一一明白攢造在冊其解送司府及收存州縣文冊俱責令掌印官束委架開庫吏慎同投護至於官史作編具結交代如有姦弊罪坐所由又查該南京戶科給事中張庄奏內開後湖查冊驗得工西青安府吉水縣黃冊因紙張粉飾被動整不堪將查要將以役造冊紙張俱用幫自堅厚不許仍用將歸及查舊傳該用抄圖紙劄於刊部取用販定於須之府照用人匠於工部收用已經遞行去後多贛前因案呈到集齊得正德十上年又該夫下有司土官衙門十年一次大造賦役兵謝之年令該南京戶科等衙門給事中等官頭續等奏稱大造黃冊在通要行完期查與原差黨求

并合行事件刊印榜圖示去各該司府州刊
發所屬曉諭各該官吏里書人等依式攢造
與限年終
進
呈并解南京戶部轉送後湖收貯聽候委官
清查一切冗濫不肯留心職業無爲委用相
應依擬分無候
命
下本部照依原定刑式并都御史張欽等給
事中張官奏行事件照例於各該衙門收用
紙劄人匠板片印刊榜圖印刷完備差人給
將齎送各司府州縣依式翻刊各發所屬并士
官衙門張掛曉諭各該掌印提調官員各要
用心嚴督里書人等預先查覈舊冊開除新
收取具各戶親供扣筭明白先造草冊查對
無差方用潔白堅厚紙劄攢造正冊依期造
完年終
進
呈解送南京戶部轉送後湖交收不許仍踏
舊非任意飛詭埋及作弊查對得出從重治
罪本部仍咨都察院轉行各該巡按御史責

令巡守官員嚴督比較依期完解違者聽查
嬰給事中易瓚等題內事理究治係大造
賦後黄冊及奉
欽依戶部知道事理未敢擅便正德十五年六
月二十六日等具題本月
二十八日奉
聖旨是

大司瓚又題

雅爲
請給關防慎重版圖以防詐僞事竊惟立法裁
體以必生弊
與其圖之於該蔓孰若絶之於將萌親[illegible]
而禁內循而爲不可有遠慮而防患[illegible]
甚於甥嬰天下黄冊友貯南京後[illegible]
壓汝奠敵摩此哉

伍
宗神謨睿算愈精愈密誠意懃年不易之良
規也禁向承平既久民偽日滋其各省府州
縣原有遠年底冊多有毀壞殘缺或因而作
弊改換凡軍民戶籍之不明事產稅糧之隱
古互相奏告經年累月不能結絕者有司只
由連人解送南京戶部行文後湖管冊官揭
查明白回報該部轉行彼處官司以憑處斷
每年終該部揭查過黃冊起數緣由造冊
奏
報誠非細事不可不嚴但揭查過車由回報
公文緣無印信關防止用白頭手本差人送
部臣愚私憂過計恐無知小人見利忘義易
換改洗之弊輒保必無詭有脫筆作民者得
以肆其姦而詭民為軍者罔不受其害與夫
避重就輕事產稅糧之欺隱奪占者皆不得
後明白矣姦弊則無以防爭端何由而息再
與大查之年南京刑工二部國子監應天府
行上元江寧二縣都稅司等衙門各出辦紙
劄水料鐵米魚肉菜油等項物件及各造冊

書十丁食銀兩過湖交納俱以自頭批廻爲
照有等無知官吏詐別卷將求機作弊漕滅
那移下萬有孔以致無憑照前如去年上元
江寧二縣被過湖夫頭邪英揚鹽等抵頭自
頭公文冊領說縣食工銀二百餘兩見今問
擻充軍皆由一時無關防所致然也然此委
弊非止前項鈔端關係不爲不重文移不可
不防亦微防之漿
給以佶隔防不能使人畏懼也見今各處兵
備巡屯提亭等項官員俱有
欽
降關防後湖比之由爲察要如蒙伏望
皇
上俯察版籍實天下重務關防乃犇弊要圖
乞
敕
戶部詳議覆咨禮部議擬管舉後湖黃冊關
防一顆凡遇揭查汗各項錢糧文條編註銷
語用使鈐記如此則奸弊無從而生下人不
得受害錢糧庶得明白關卷有所憑據而自
尊弊將易爲防範矣尊

聖旨該部知道

十一月瓚等又題

准爲蓋造黄冊庫房事照得後湖冊庫自洪武十四年起至正德七年止每造十年一次大造黄冊俱是預先蓋造冊庫三十間以備收貯黄冊查得正德七年大造黄冊預於正德五年具
奏今照正德十七年例該天下有司幷土官衙門大造黄冊若不預先具
奏誠恐臨期造冊到湖無庫收貯不無有誤如蒙乞
勅工部轉行南京工部照依上年事例委官帶領匠作人等赴湖相勘相應處所新合用木料夫匠等項如法蓋造冊庫三十間幷搭架板墊板木完備庶不臨期有誤便益等因奉
旨工部知道欽此欽遵抄出送司案查先該

卷之二

南京戶科給事中等官何亮等奏稱正德七
年例該大造黃冊要行蓋造冊庫已該本部
備行南京工部查照修造去後今該前因案
呈到部看得南京戶科給事中易瓚等奏稱
欲該正德十七年天下司府州縣并土官衙
門大造黃冊欲要預先蓋造庫房三十間以
備收貯相應依擬合無候
命下之日本部移咨南京工部支辦物料夫匠
等項如式蓋造等因正德十五年十二月二
十七日太子太保本部尚書李 等具題次
日奉
聖旨是

十二月瓚等又題
准為補造蟲蛀黃冊以備清查以革奸弊事巳
遵照舊例每五年一次通湖督同監生吏匠
人等將曬晾各庫黃冊曬晾正德七年庫內江

西布政司黃冊爲時甚久隨令監生吏匠人
等逐一點檢除不蛀好門外縣蛀壞明計六
千三十五本查得該布政司所屬府州縣解
到本年分黃冊共一萬一百四十本今尚未
更十年蛀壞者已過其半其間有一縣全蛀
者有一蛀十蛀八九者紙張如粉灰末成堆
都圖丁産字字不全難以辨認但經一揭紛
紛而碎臣等霉見其武水索等年冊籍易今
百十餘年而紙張散面尚多如舊未有縣蛀
如此之易者亦未有如江西一省如此之蛀
多者及查弘治十五年分黃冊蛀蛀亦惟該
省數多換縣所自蓋内各該官吏不行用心
督造里書人等姦詳百端欲偽將衣作弊故
遣禁例仍將粉餘紙張損造斷概殺面裝釘
致使蠹蛀易生蛀蝕損壞無憑查考若不嚴
加禁治另行補造不惟已徒者遂其姦計抑
臣將來者仍各故於况解查軍民户籍丁産
田稽無從揭查及正德十七年造到新冊無

覆查得深爲未便如蒙乞
勅戶部備行江西布政司將後開各府州縣黃
冊除見在都圖堪查好冊不造外其駐壞難
以衙認都圖者逐一查照補造仍行彼處巡
發新快通將原駁造冊官吏里書人等除壓
選事故不其見在者逐一查損問罪及嚴督
分巡分寸及各府州縣掌印官查照節次奏
行事例移將原無粉蘇紙張攢造抄成厚紙
爲故燕半編袁裝釘作急造完查對無差白
次堯□日爲始除水程外定限半年以裹解
造南京戶泮轉送後湖後查收照夜有仍前
嵌違及過限等頃情弊通將官吏里書人作
□重究治再將王懲十七年該造黃冊嚴加
□單仍蹈前非如尚以阪圖不致廢缺將裝
有□查照而敘弊未華夫奏
聖旨戶部知道欽此欽遵批出送司案查先於
正德七年天下有司千七官衙門大造賦役
黃冊該南京戶科給事中張候奏內開後湖

查冊驗得江西吉安府吉安縣黃冊內義□粉飾被垂蛀不堪揭查吏將以錢去罷義□俱用紫白堅厚不許仍用粉節巳經違行□今該□□□□到□看得南京戶科參□□給事中□官員□等發稱江西布政司所屬州縣正德七年解到黃冊乘蛀壞者六千三十五本此□十七年造到新冊無憑查對要行江西布政司將各府州縣黃冊損壞者照數補造仍行巡按御史將原造冊官吏里書人等查提問罪一□為照十年一造黃冊係是重事前項造冊官吏里書人等不行用心致使粉飾紙張乘駁易壞說該給事中筆官易費等查揆前因相應依擬合無俟

命下之日本部備行江西布政司轉行該道守巡官嚴督所屬府州縣將不堪揭查黃冊照依節次奏行事理用無粉飾紫白厚紙作急另行補造自文書到日限半年以裹解送南京戶部轉送後湖交收仍咨都察院轉行□

按江西監察御史將原經造冊官吏里書人等除陞調事故外見在者查提問罪以警將來再咨南京户部轉行一管湖科道等官今後遇有解到黄冊俱要逐一驗看如有仍用粉飾紙張蹈襲前弊即便駁查參究驗看堪中者行令管庫人役如法架閣以時曬晾餘條補造再駐黄冊以備清查以革姦弊及奏依户部知道事理不敢擅便等因正德十六年正月十七日本部尚書楊　等具題本月十九日奉

聖旨是

欽

正德十六年凡　條

十月贊等題

爲懲究違慢經該官員以謹駁冊以備清查

事案照先該臣等查得正德七年分造冊內
埋沒飛走等項數并已經陸續駁行各司
府州溪洞[illegible]次[illegible]
准事例對款改正近刊領湖收斷以候該造齊
冊以爲憑據查對其各司府州縣等衙門官
員中間勤能幹事者舉依違發閣茸怠惰者
數年不完又經節次由洞奏行督催去後節
漆浙江等布政司并直隸各府所屬州縣陸
續解繳難自未完亦不多惟有湖廣四川福
建廣東山西雲南六布政司所屬州縣并土
官衙門共五百一十七處並無一處解到華
後又及半年之上仍前不行造報點是各司
府州縣等衙門官員輕視版圖故違
欽
限恣意遷延任情玩愒怠政誤事莫此爲甚
卹令嘉靖元年例該大造新所前項[illegible]冊已
經閱入年有餘不行造繳若不嚴加懲治
不推愈肆遷延抑且無憑查對清攢合該官
員俱合查究參照湖廣四川福建廣東山西

雲南六布政司掌印布政使等官武昌成都
福州廣州太原雲南等府知府等官都轉運
鹽使司運使等官四川等都指揮等官鹽井
等衛軍民指揮使司指揮等官西陽等宣慰
等官及各所屬州縣鹽課長官司等衙門知
州知縣等官明知版圖重務緊要年久自合
嚴加催督依限造完報乃尸素偷安因循廢
閣節次奏行之例罔知遵守革後稽違之罪咨
亦難逃如蒙伏望
皇上軫念版圖特加闡敕乞
敕戶部轉行都察院通行湖廣四川福建廣東
山西雲南六省巡按御史即將俵開司府州
縣等衙門布政都指揮知府指揮知州知縣
等驛遞一查提刑官依律議擬照例問罪奉
糧載日征支行查照節次奏行事宜責令督
冊各經歲官員即將駁去黃冊嚴立限期諮
在日下造完冊印固封各差委所屬人員管
[redacted]解京戶部轉送後湖填註收架以備清查

候批廻獲日各官俸糧方許關支如此則法
令彰彰庶官知警而事克有濟矣等因奉部
聖旨戶部知道欽此欽遵抄出送司案呈到部
看得戶南京戶科等衙門給事中等官易瓚等
題稱駁回湖廣四川福建山西廣東雲南等
布政司府州縣并土官衙門正德七年分黃
冊延久不行造繳乞要轉行巡按御史查揆
問罪俸糧住支責令督併官員立限造繳一
節[illegible][illegible]前頁駁回黃冊定有限期正欲及時
造報[illegible][illegible]冊到日以便查考飛詭埋沒等項
茲弊奈何各該有司官吏不以版圖為重輕
視
國法節經行催遇革之後延久又俱未報既該
命本官參奏前來相應查究合無候
下之日本部移咨都察院轉行各該巡按御
史將後開司府州縣等衙門違慢布政部指
揮知府指揮知州知縣等官逐一行提到官
依律議擬照例發落仍將應得俸糧截日住

吏部駁黃冊嚴立限期責令督冊經該官員上緊造完用印圖封責差的當人員解送南京戶部轉送後湖交割仍將解人家屬監併候批廻至日方許疏放及各官俸糧照舊關支緣係懲究違慢經該官員以謹駁冊以備清查并查發去回等官及奏

候戶部知道事理未敢擅便正德十六年十一月二十三日本部左侍郎秦　等具題次日奉

聖旨是這各衙門官員不以版圖爲重造冊遲誤都着巡按御史查提了問文冊着嚴限完解

嘉靖元年　凡三條

六月瓚等題

准爲乞懲姦弊以清版圖事前據河南等布政司浙江等府州縣

等縣解送造完原駁改正黃冊到湖案查造
據各該府縣解到正德七年分黃冊已將嘉
靖十五年分舊冊逐一查對入查出埋沒逃
奇飛走不明等弊節經參
奏駁行各該司府州縣查照對款改正造報去
後今據造到匠等俱查明自願首告該年冊上
以爲永遠憑據以備下次清查看得中間欲
駁回報者固有而朦朧規避者尚多有原駁
新冊軍籍不開充發節補來歷匠籍不開名
色今據回稱係遠年死絕逃移及將軍籍改
作匠民等籍并先年開豁等項復查新冊實
在項下除年老男子及婦女不開外見有壯
丁三五丁十數丁甚至三十餘丁及永樂等
年黃冊俱係軍籍并查無開豁者有原駁舊
冊軍籍新冊改作民籍今據仍回民籍復查
永樂等年黃冊俱係軍籍者有原駁舊冊充
軍二名新冊查無戶籍等項今止回一名及
稱先年釋放等項復查各年黃冊俱係二名

及無釋放緣由皆以此姦弊難以稽察有得
眞詿撥厥所自蕭出各該掌印等官輕視厥
圖故違事例不行躬親查對從吝里書人等
欺罔作弊關并可知罪責難免臣等再照天
下之根本莫重於黃冊而黃冊內所重者莫
甚於戶籍尤莫甚於軍籍凡軍籍丁盡戶絕
者不許開除見有人丁者不許析戶各處依
衙之徒買通官吏里書人等或挽人丁逃絕
或符戶籍分開貫緣理沒希圖一脫免查得軍
政條例理沒軍伍者正犯決杖一百發烟瘴
地面充軍里老人等發附近衛分充軍官吏
依律問罪法非不嚴但行之年久人多玩愒
或遇革免益無忌憚是以視爲末務以
法例爲虛文若不申明重治無以警戒將來
伏望
皇上軫念版圖實天下重務乞
勅戶部通行後開各處巡按御史親提官吏里
書人等嚴加追究不分革前革後通將作弊

正犯照例問擬充軍官作罷黜退仍將司
府經該官吏問擬應得罪名俸糧住支候收
正明白造冊完備責限解送後湖投查批迴
後日方許開支庶法無遺姦人知畏懼而版
圖會得清矣等因奏
聖旨該衙門知道
本月瓚等該
奏為收掌關防事該禮部儀制清吏司錄完管
理後湖黃冊關防查照中封
付差來吏方玉領回交收用使將收掌過年
月日期
奏繳等因齎繳前來案照先該臣等會奏
請給鑄降去後今准前因除齎到關防當官拆
封辨驗篆文明白四角完全別無他故收掌
用使外今將收掌過年月日期理合
奏繳為此具本開坐謹具
奏

聞

計開

嘉靖元年六月初九日收掌過天字六百八十號管理後湖黃冊關防壹顆

八月瓚等又題

准爲添築後湖墻垣以杜不虞以保全版圖事

臣等竊惟事變起於不謹而禍患生於所忽禦變於未形之先有弭變爲治之機防患於未萌之際有轉禍爲福之妙若事變之來而方行救援則大勢已去噬臍莫及不亦晚耶恭惟

太祖高皇帝定鼎金陵設立後湖登藏天下賦役黃冊湖深謀遠慮固云善矣然當創立之初生齒尚未[illegible]冊籍亦不甚多法嚴例重雖無墻垣一人易防守迨我

列聖相承以來百五餘年天下大造黃冊一十

年寰濠……民湖……
臣等一周踏……知所措識可寒
心又無奈年……亢旱河水乾淺人可徒行
既無墻垣設防……外又無官軍防守於內萬
一變出不測難保必無又今本年天下有司
行土官衙門大造賦役黃冊
欽限年終
進呈俱解南京戶部轉發後湖收架查理湖邊
緣無後湖牌扁字樣解湖者罔知趨向之門
臣等看得後湖四面周圍約有二千八百餘
丈西南二面闕有城墻可恃爲險東北二面
自太平門起至神策門止一千二百餘丈曠
野平川防守甚難十係匪輕是以臣等晝夜
憂惶靡時寧止防微杜漸誠不可不預爲之
備也如蒙伏望
皇上俯察版籍爲天下重務特
敕該部從長計議毋惜小費而忽遠圖移咨南

京工部會同南京內外守備拜林道宮員除
西南二面原有城墻不築外卽將東北二面
一千二百餘丈半地所者處所勘驗估計興
工撥用各衙歇操事十堅築墻垣務在速成
太平門外仍於湖口豎立坊牌一座名扁南
京後湖使天下解冊者知所避向其湖外沿
壇或立十步或七十步蓋立鋪舍責令各該
地方軍餘火甲人等編成坊次晝夜巡邏嚴
於防守兵往來人等知所警畏𣲖窺伺後
然不許城湯池之固而版圖可同天長
地久之休矣等因題奉
聖旨工部知道欽此欽遵抄出送到部
[illegible]等看得南京戶科等衙門給事中等官易
[illegible]等題稱南京後湖東北二面一千二百餘
丈曠野平川乞要照舊築墻仍於湖上豎立
坊牌湖外蓋立鋪舍責令地方人等防守一
節誠為思患預防之計但恐應否處合無候
下之日本部備咨南京工部會同南京內外

中備及科道等官將後湖前項墻垣坍塌造
舍等項從公議處如果相應築立就要估廢
逐一驗估明白該用物料人力等項估計資
宜區處應用仍委能幹官員監督用工完日
通將支用過工料築立工程數目開具佐自
奏等因嘉靖元年九月初五日本部尚書[illegible]
等具題初六日奉
聖旨是

後湖志卷之九

徐州志　卷之九　[illegible]